ANDRÉ CHÉNIER

VOLUMES DE LA COLLECTION DÉJÀ PARUS

DANS L'ORDRE DE LA PUBLICATION

VICTOR COUSIN, par M. *Jules Simon*, de l'Académie française.

MADAME DE SÉVIGNÉ, par M. *Gaston Boissier*, secrétaire perpétuel de l'Académie française.

MONTESQUIEU, par M. *Albert Sorel*, de l'Académie française.

GEORGE SAND, par M. *E. Caro*, de l'Académie française.

TURGOT, par M. *Léon Say*, de l'Académie française.

THIERS, par M. *P. de Rémusat*, de l'Institut.

D'ALEMBERT, par M. *Joseph Bertrand*, de l'Académie française.

VAUVENARGUES, par M. *Maurice Paléologue*.

MADAME DE STAEL, par M. *Albert Sorel*, de l'Académie française.

THÉOPHILE GAUTIER, par M. *Maxime Du Camp*, de l'Académie française.

BERNARDIN DE SAINT-PIERRE, par M. *Arvède Barine*.

MADAME DE LA FAYETTE, par M. le comte *d'Haussonville*, de l'Académie française.

MIRABEAU, par M. *Edmond Rousse*, de l'Académie française.

RUTEBEUF, par M. *Clédat*, professeur de Faculté.

STENDHAL, par M. *Édouard Rod*.

ALFRED DE VIGNY, par M. *Maurice Paléologue*.

BOILEAU, par M. *G. Lanson*.

CHATEAUBRIAND, par M. *de Lescure*.

FÉNELON, par M. *Paul Janet*, de l'Institut.

SAINT-SIMON, par M. *Gaston Boissier*, secrétaire perpétuel de l'Académie française.

RABELAIS, par M. *René Millet*.

J.-J. ROUSSEAU, par M. *Arthur Chuquet*, professeur au Collège de France.

LESAGE, par M. *Eugène Lintilhac*.

DESCARTES, par M. *Alfred Fouillée*, de l'Institut.

VICTOR HUGO, par M. *Léopold Mabilleau*.

ALFRED DE MUSSET, par M. *Arvède Barine*.

JOSEPH DE MAISTRE, par M. *George Cogordan*.

FROISSART, par Mme *Mary Darmesteter*.

DIDEROT, par M. *Joseph Reinach*.

GUIZOT, par M. *A. Bardoux*, de l'Institut.

MONTAIGNE, par M. *Paul Stapfer*, professeur de Faculté.

LA ROCHEFOUCAULD, par M. *J. Bourdeau*.

LACORDAIRE, par M. le comte *d'Haussonville*, de l'Académie française.

ROYER-COLLARD, par M. *E. Spuller*.

LA FONTAINE, par M. *Georges Lafenestre*, de l'Institut.

MALHERBE, par M. le duc *de Broglie*, de l'Académie française.

BEAUMARCHAIS, par M. *André Hallays*.

MARIVAUX, par M. *Gaston Deschamps*.

RACINE, par M. *Gustave Larroumet*, secrétaire perpétuel de l'Académie des Beaux-Arts.

MÉRIMÉE, par M. *Augustin Filon*.

CORNEILLE, par M. *Gustave Lanson*.

FLAUBERT, par M. *Emile Faguet*, de l'Académie française.

BOSSUET, par M. *Alfred Rebelliau*.

PASCAL, par M. *Émile Boutroux*, de l'Institut.

FRANÇOIS VILLON, par M. *G. Paris*, de l'Académie française.

Chaque volume, avec un portrait en héliogravure . . . . . . 2 fr.

Coulommiers. — Imp. PAUL BRODARD. — 594-1902.

ANDRÉ CHENIER

Reproduction de la gravure de Henriquel-Dupont

D'APRÈS LE PORTRAIT PEINT PAR J.B. SUVÉE A St LAZARE

(29 Messidor An II)

ANDRÉ CHÉNIER

PAR

ÉMILE FAGUET

DE L'ACADÉMIE FRANÇAISE

PARIS

LIBRAIRIE HACHETTE ET Cie

79, BOULEVARD SAINT-GERMAIN, 79

—

1902

ANDRÉ CHÉNIER

CHAPITRE I

SON ENFANCE ET SON ADOLESCENCE
1762-1787

André-Marie Chénier naquit à Galata, faubourg de Constantinople, le 30 octobre 1762, dans la maison du Consul de France, son père.

Il était, par son père, d'une vieille famille honorable du Languedoc. Il n'était pas noble. Il résulte d'une lettre officielle de son père que jamais la famille Chénier n'avait appartenu à la Noblesse. Son aïeul paternel était Guillaume Chénier, petit propriétaire rural aux environs de Montfort (Aude). Son père, Louis Chénier, né en 1722, avait le goût du commerce et fut, très jeune, commis dans une maison de négoce à Marseille. Dès 1742, à peine âgé de vingt ans, il alla représenter sa maison à Constantinople. Là il fit son chemin par son intelligence, son activité et sa bonne grâce. Il sut rendre des services à M. le comte des Alleurs, ambassadeur de France. Il en sut rendre à ses compatriotes. Il devint « député » de sa « nation » c'est-à-dire représentant attitré des commerçants français auprès des autorités du pays et auprès de l'ambassade.

En 1755 il se maria avec Élisabeth Santi-Lomaca. Il avait trente-trois ans et elle vingt-six. — C'était une promotion. Les Santi-Lomaca étaient considérables et presque illustres. Ils se flattaient d'être apparentés à des hospodars de Moldavie et de Valachie. Le père d'Élisabeth Santi-Lomaca avait fait partie d'une ambassade envoyée par Achmet III au Régent de France. Les Santi-Lomaca étaient, du reste, un peu Français par alliances. Une sœur d'Élisabeth, Juliette Santi-Lomaca, avait épousé M. Amic, négociant de Marseille. C'est la fille de ce M. Amic qui fut la mère d'Adolphe Thiers, d'où il suit que la mère de Thiers était la cousine germaine d'André Chénier et André Chénier l'oncle à la mode de Bretagne d'Adolphe Thiers.

Louis Chénier et Élisabeth Santi-Lomaca eurent huit enfants, quatre fils et quatre filles. Des quatre filles, trois moururent en bas âge. Celle qui survécut, Hélène, épousa le comte Latour de Saint-Igest. Les quatre fils furent : Constantin-Xavier, né en 1757; Louis-Sauveur, né en 1761; André-Marie, né en 1762; Marie-Joseph, né en 1764.

André a souvent rappelé son origine et son lieu
de naissance avec une visible complaisance :

Salut Thrace, ma mère et la mère d'Orphée,
Galata, que mes yeux désiraient dès longtemps ;
Car c'est là qu'une Grecque, en son jeune printemps,
Belle, au lit d'un époux nourrisson de la France,
Me fit naître Français dans les murs de Byzance.

Et encore :

Puisse, aux vallons d'Hæmus. où les rocs et les bois
Admirèrent d'Orphée et suivirent la voix,
L'Hèbre ne m'avoir pas en vain donné naissance !
Les Muses avec moi vont connaître Bysance,
Et, si le ciel se prête à mes effort heureux,
De la Grèce oubliée enfant plus généreux,
Sur les rives jadis si noblement fécondes.
Du Permesse égaré je ranime les ondes.

Le ménage des Chénier était heureux autant qu'il
était fécond, et la situation de M. Louis Chénier
semble avoir été prospère à cette époque. Cependant M. Louis Chénier désirait se rapprocher de la
France et, du reste, semble avoir toujours été friand
de positions officielles. M. de Vergennes, successeur
de M. le comte des Alleurs, et animé des mêmes
sentiments à l'endroit de M. Louis Chénier, s'employa à satisfaire ses désirs. On a de lui une lettre
de recommandation, très chaude, à M. le ministre
des Affaires étrangères en faveur de M. Louis Chénier. Ces efforts aboutirent. M. Louis Chénier fut

nommé consul général au Maroc, en résidence à Salé, en 1767. Constantin avait dix ans, Sauveur huit, André cinq, Marie-Joseph trois.

Il est probable que le désir de faire donner une instruction solide à ces enfants avait eu sa part dans les déterminations de M. et de Mme Chénier. En effet, à partir de la nomination de M. Louis Chénier, les époux se séparèrent. M. Louis Chénier resta dix-sept ans à Salé, sans revoir Mme Chénier qu'en de courts congés. Il fut très bon diplomate. Ses rapports sont remarquables comme abondance d'information et lucidité d'exposition. Il a fait un livre estimable, intitulé *Recherches sur les Maures*, que Mme Chénier offrit à Voltaire aux derniers mois de celui-ci, et que Voltaire, sans l'avoir lu peut-être, loua en une lettre charmante [1].

Mme Chénier, elle, vécut à Paris, évidemment surtout pour se consacrer à l'éducation de ses enfants, évidemment aussi, vite très parisienne, pour ne pas vivre à Salé. Elle habita le Marais, quartier encore brillant à cette époque, successivement rue Culture Sainte-Catherine, rue Culture Saint-Gervais, rue du Sentier, rue de Cléry. Elle avait un salon très fréquenté. On y voyait Palissot, Suard, Lebrun (Lebrun-Pindare), Brunck (le savant éditeur de l'*Anthologie grecque*), Alfieri, Vigée,

---

1. Voir *les Lettres grecques de Madame Chénier*, par **Robert de Bonnières**.

Mme Vigée-Lebrun, sa sœur, le peintre David, Florian, l'abbé Barthélemy, le peintre Cazes, qui peignit pour la galerie de Mme Chénier des tableaux représentant les vingt-quatre chants de l'Iliade.

C'est dans ce monde de poètes, de littérateurs, d'archéologues et d'artistes qu'André et Marie-Joseph furent élevés. Mme Chénier avait une collection estimée d'estampes et de médailles. Elle-même écrivait. On a d'elle, publiées d'abord dans le *Mercure de France*, puis annexées au *Voyage en Grèce* de Guys, deux « lettres », l'une sur les Enterrements grecs, l'autre sur les Danses en Grèce, qui sont bien spirituelles et finement écrites. On les trouvera dans le volume de M. de Bonnières que j'ai cité plus haut. Sont-elles d'elle? On en a douté à cause de lettres manuscrites, qui sont d'elle certainement, et dont l'orthographe est fâcheuse. Mais quand il s'agit de femmes du xviie ou du xviiie siècle l'orthographe ne prouve rien.

M. Louis Chénier prit sa retraite en 1782 et rejoignit sa femme et ses enfants. Quand la Révolution éclata, la politique, comme il arrive quelquefois, désunit un peu la famille. Mme Chénier était, comme disait son mari, « démagogue », par conviction sans doute, probablement aussi par amour pour Marie-Joseph, qu'elle préférait à André. Marie-Joseph était très révolutionnaire. M. Louis Chénier était ce qu'on appelle de nos jours conservateurlibéral; André aussi; et de Sauveur, M. Chénier écrivait : « On ne sait ce qu'il pense, ni s'il pense ».

Quand André Chénier fut en danger, M. Chénier multiplia les démarches actives et même imprudentes, ainsi que Marie-Joseph, du reste, pour le sauver, comme on le verra plus amplement à la fin de ce volume. On sait qu'il échoua. M. Chénier fut frappé à mort par le meurtre de son fils. Il lui survécut peu. Il mourut le 25 mai 1795, âgé de soixante-treize ans.

Mme Chénier vécut encore quatorze ans, associée le plus souvent à la vie de son fils, Marie-Joseph, à la fois indulgente à ses désordres et s'efforçant de l'en ramener, tout compte fait ayant sur lui une bonne, quoique faible, influence. Elle mourut le 6 novembre 1808, à l'âge de soixante-dix-huit ans, 12, rue Richelieu. Elle fut enterrée à Antony où elle avait une petite maison des champs. — Marie-Joseph devait mourir en 1811.

André Chénier fut donc un petit Parisien dès un âge assez tendre, et élevé dans un monde très littéraire, très artistique et très savant. Ses pères spirituels sont très évidemment Lebrun-Pindare, David et Brunck. Les premiers objets exposés à ses regards d'adolescent sont des médailles antiques, des estampes et des scènes de l'Iliade. Les premières conversations sérieuses qu'il entendit furent mêlées de vers, de récits de voyages, de Winckelmann,

de citations de l'Anthologie et de souvenirs de la
Grèce.

La vue directe de la nature ne lui fit pas défaut
non plus. On le menait voir « sa tante Amic » en
Languedoc. Au moins une fois, en 1770, à l'âge de
dix ans, il y fit un long séjour. Il s'en est très bien
souvenu et les relations qu'il en donne montrent qu'il
en reçut une impression profonde. On a retrouvé
dans ses papiers la note suivante :

En me rappelant les beaux pays, les eaux, les fontaines, les sources de toute espèce que j'ai vus dans
un âge où je ne savais guère voir, il m'est revenu un
souvenir de mon enfance que je ne veux pas perdre. Je
ne pouvais guère avoir que huit ans, ainsi il y a quinze
ans (comme je suis devenu vieux!) qu'un jour de fête on
me mena monter une montagne. Dans la montagne, à
côté du chemin, à droite, il y avait une fontaine dans
une espèce de voûte creusée dans le roc. L'eau en était
superbe et fraîche et il y avait sous la voûte une ou
deux madones. Autant que je puis croire, c'était près
d'une ville nommée Limoux, au bas Languedoc. Après
avoir marché longtemps, nous arrivâmes à une église
bien fraîche et dans laquelle je me souviens très bien
qu'il y avait un grands puits. Je ne m'informerai à
personne de ce lieu-là; car j'aurai un grand plaisir
à le retrouver lorsque mes voyages me ramèneront
dans ce pays. Si jamais j'ai, dans un pays qui me
plaise, un asile à ma fantaisie, je veux y arranger, s'il
est possible, une fontaine de la même manière, avec
une statue aux Nymphes et imiter ces inscriptions
antiques : *D. fontibus sacris* [consacré aux Fontaines
sacrées].

Il est presque certain que cette « montagne qu'on fit monter » à André Chénier est celle de Notre-Dame de Marceille, et cette fontaine celle de Notre-Dame de Marceille; car fontaine, montagne et chapelle sont des lieux de pèlerinage pour les habitants de Limoux, de Montfort et des environs, et cette fontaine est la seule qui soit rendez-vous de pèlerins et qui ait une notoriété dans le pays de Limoux.

Du reste il est certain aussi que Chénier fit de très longs séjours en Languedoc auprès de « la la tante Amic »; peut-être même (ce sont des traditions locales que j'ai recueillies sans pouvoir les contrôler suffisamment) y fut-il *élevé* pendant les premières années de son séjour en France. On a des raisons de supposer qu'il habitait Carcassonne, dans une grande maison qui est devenue l'hôtel Féral, en face du lycée actuel, à cette époque collège des Doctrinaires. Cette maison appartenait à sa tante qui, du reste, faisait de fréquents voyages chez ses parents à Limoux et à Montfort, pays d'origine des Chénier. On croit qu'il allait au collège des Doctrinaires, lesquels, du reste, dirigeaient à cette époque et le collège de Limoux et le pèlerinage de Notre-Dame de Marceille; et qu'il passait les vacances à Montfort. S'il est vrai, il aurait eu, au nombre de ses professeurs du collège des Doctrinaires, La Romiguière, plus tard célèbre. Chénier dit lui-même : « J'ai passé mon enfance en Languedoc ».

La « tante Amic » était pieuse, et André Chénier était pieux dans ses premières années. Il se souvient de cela aussi, comme le témoigne le fragment suivant :

Quand j'étais bien enfant, je faisais de petites chapelles... beaucoup de bougies.... Je furetais partout pour m'emparer de quelques petits morceaux de satin, rouges, bleus, pour en faire une belle chasuble galonnée de papier doré. Je chantais la messe, je prêchais, on m'écoutait, on se signait ; et quand, le soir, au salut, à la lueur de cent petites bougies, après bien des génuflexions et des antiennes, j'élevais un petit Saint-Sacrement de plomb, mon vieux père nourricier ôtait son chapeau et *ma tante Juliette* et ses amis se mettaient à genoux. Je croyais qu'à un certain âge on ne faisait plus de chapelles... mais je vis.... Partout ce que je voyais faire me rappelait ma petite chapelle... un orateur au barreau faisait des pathos... et alors je me rappelais mon sermon... et les vieux magistrats le trouvaient sublime... et alors mon vieux père nourricier ôtait son chapeau... et alors les femmes le cajolaient et l'admiraient... et alors ma tante Juliette me revenait en mémoire.... Cette chapelle m'ennuya bientôt... un guerrier... un prêtre... mais celui-là, je ne l'examinais guère. Il faisait la même chapelle que j'avais faite autrefois... un ministre dans sa maison... : « J'ai beaucoup d'affaires ; il faut que j'aille au conseil ». Oh ! la belle chasuble ! « L'intention du Roi.... » Oh ! le joli morceau de satin ! « La confiance dont le roi m'honore.... » Oh ! le beau galon de papier doré ! « Le bonheur d'une nation entière repose entre nos mains ». Je l'écoutais, j'ouvrais la bouche, je le regardais élever son petit Saint-Sacrement de plomb ; et alors chacun autour de lui : « Oh !

oui! Monseigneur, quel travail! Accablé d'affaires, vous êtes bien à plaindre! Le bienfaiteur de l'humanité.... » Et bon, et bon, me disais-je. Toujours ma tante Juliette qui se met à genoux.... Un poète... une Académie.... Oh! la ridicule chapelle!

André fut mis, vers 1773, au collège de Navarre avec son frère Marie-Joseph. Il fit de très bonnes études, et y noua ses premières et ses plus solides amitiés, avec les frères de Pange et les frères Trudaine.

. . . .
Des vieilles amitiés de l'enfance première,
Quand tous quatre, muets, sous un maître inhumain,
Jadis au châtiment nous présentions la main.

Ce qui veut dire que, quoique élèves brillants, les Trudaine, les de Pange et Chénier recevaient parfois les « férules ». — De très bonne heure il fit des vers, s'il faut l'en croire, et il n'y a aucune raison de le contredire :

A peine avais-je vu luire seize printemps,
Aimant déjà la paix d'un studieux asile,
Ne connaissant personne, inconnu, seul, tranquille,
Ma voix humble, à l'écart, essayait des concerts ;
Ma jeune muse osait balbutier des vers.
Déjà même Sapho, des bords de Mitylène,
Avait daigné me suivre aux rives de la Seine.
Déjà dans les hameaux, silencieux, rêveur,
Une source inquiète, un ombrage, une fleur,
Des filets d'Arachné l'ingénieuse trame,
De doux ravissements venaient saisir mon âme.

> Des voyageurs lointains auditeur empressé,
> Sur nos tableaux savants où le monde est tracé,
> Je courais avec eux du couchant à l'aurore....
> Que dis-je? Dès ce temps, mon cœur, mon jeune cœur
> Commençait dans l'amour à sentir un vainqueur....

C'est le poète qui naissait, « polyphile », comme La Fontaine, amoureux de la nature, de la grâce, des horizons lointains et des femmes, *animula vagula, blandula*. Il faut le remercier de nous avoir indiqué à quel âge il naquit.

André termina ses études probablement en 1780, ou au plus tard en 1781; car on voit qu'en 1778 il était en rhétorique. C'est en qualité de rhétoricien (*nouveaux*) qu'il obtint cette année-là le premier prix de discours français et le premier accessit de version latine, ainsi que le *Palmarès*, consulté par M. Despois, en témoigne : « *Primum orationis gallice scriptæ præmium* INTER RECENTIORES *meritus et consecutus est Andreas Maria de Chenier, Constantinopolitanus, e Regia navarrea* ». Mais à cette époque on faisait assez souvent deux années de rhétorique et presque toujours deux années de philosophie.

Dans le texte que nous venons de citer on voit aussi pour la première fois le nom d'André *de* Chénier. On peut presque dire que *toutes* les familles bourgeoises d'un certain rang, au XVIIIe siècle, glissaient ainsi la particule, qui, du reste, ne signifie rien, devant le nom patronymique de leurs fils. Il y avait là de la vanité, d'abord, et ensuite l'intention de donner un vague vernis de noblesse à leurs enfants, afin que ceux-ci pussent, avec quelque chance, ou quelque faveur, esquiver les rigueurs de l'ordonnance récente sur les titres de noblesse nécessaires pour l'admission aux écoles militaires et aux grades d'officier. Disons tout de suite aussi, pour n'y pas revenir, que, comme nom mondain, André Chénier prit de très bonne heure, peut-être au sortir du collège, celui de « M. de Saint-André ». — « Saint-André » est le nom de familiarité qu'on lui donnait déjà à la maison quand il était petit. M. Louis Chénier le désigne ainsi dans ses lettres.

Quoi qu'il en soit, André Chénier, ou André de Chénier, ou M. de Saint-André, en 1781, est sorti du collège, a pour vieux amis M. David et M. Lebrun, pour jeunes amis les frères de Pange et les frères Trudaine, sait du grec, écrit bien en français, fait des vers, et n'a de vocation pour aucune profession déterminée.

CHAPITRE II

ANNÉES D'APPRENTISSAGE

De 1781 à 1783.

Il fallait pourtant faire quelque chose. Qui se mit en démarches pour le faire entrer dans l'armée? Qui prit texte d'un titre « d'écuyer » qui avait été, plus ou moins authentiquement, dans la famille à une date éloignée, pour qu'il y pût entrer comme noble? Son père et les amis illustres de sa mère, très probablement. Tant y a qu'il fut attaché en 1782 comme *cadet-gentilhomme* au régiment d'Angoumois (infanterie) qui tenait garnison à Strasbourg. Les *cadets-gentilhommes* étaient des jeunes gens qui faisaient leur école militaire au régiment et qui étaient dans une situation intermédiaire entre les soldats et les officiers. — André Chénier se déplut au régiment. Il était de santé faible, commençait à sentir les atteintes de la maladie douloureuse, la gravelle, qui le tortura souvent par la suite. Les exercices militaires le

fatiguaient. Ils s'accommodaient peu, du reste, au
tour de son esprit. Il écrivait à Lebrun :

> Les ruisseaux et les bois et Vénus et l'étude
> Adoucissent un peu ma triste solitude.
> Oui, les cieux avec joie ont embelli ces champs.
> Mais, Lebrun, dans l'effroi que respirent les camps,
> Où les foudres guerriers étonnent mon oreille,
> Où, bien avant Phébus, Bellone me réveille,
> Puis-je adorer encor et Vertumne et Palès ?
> Il faut un cœur paisible à ces dieux de la paix.

Le seul ami qu'il se fit à Strasbourg fut le marquis
de Brazais, qui servait dans le même régiment et
qui avait pour les lettres le même amour et le
même culte qu'André Chénier. En célébrant l'amitié,
c'est son ami qu'André célèbre dans ces vers de
jeunesse, déjà élégants et délicats :

> Toi, Brazais, comme moi sur ces bords appelé,
> Sans qui de l'univers je vivrais exilé.
>
> . . . .
>
> Castor charme les Dieux et son frère l'inspire ;
> Loin de Patrocle Achille aurait brisé sa lyre ;
> C'est près de Pollion, dans les bras de Varus,
> Que Virgile envia le destin de Nisus.
> Que dis-je ? Ils t'ont transmis ce feu qui les domine.
>
> . . . .

André dut quitter le régiment au bout de six mois,
à la fin de cette même année 1782. Il revint à Paris,
et se consacra désormais uniquement aux lettres, à
l'amitié, à l'amour et au monde.

Il était de taille moyenne et bien prise; mais sa
tête était grosse et disproportionnée. Il avait les
cheveux châtains, très rares sur le devant de la tête,
dès sa première jeunesse, longs et bouclés naturellement par derrière, où ils flottaient librement, André
n'ayant adopté ni la bourse ni le catogan. Le nez
était long et fort, la bouche moyenne, sinueuse, à
lèvre inférieure un peu forte, les yeux petits, bleus,
très vifs. En somme il était laid, ce qui ne l'empêcha
point, comme aussi bien cela n'y est jamais un obstacle, d'être adoré des femmes.

Son caractère était charmant. Très gai, quand la
souffrance ou la solitude, qu'il n'a jamais pu sup-
porter ni l'une ni l'autre, ne l'induisait pas en mélancolie, il était généreux, fier, indépendant, et volup-
tueux. — Ajoutons, comme détail qui ne laisse pas
d'être significatif, qu'il était gourmand. La comtesse
Alfieri le lui dit avec insistance dans une lettre :
« ... Je crois que vos maux viennent de trop manger ;
vous êtes gourmand ; l'ambassadeur fait bonne chère ;
vous êtes faible, vous vous y livrez.... Pour être
maître du physique, il faut de la sobriété. Je vois
d'ici toutes les objections que vous avez à me faire,
parce que je connais votre penchant naturel pour
la bonne chère. »

Il adorait le monde où il était toujours le bienvenu,
et la conversation des femmes, qui le ravissait. Un
peu de débauche à travers cela, à la manière du

temps et peut-être un peu plus qu'il n'eût fallu. Mais quels qu'aient été les emportements d'une jeunesse fougueuse ou les distractions du mondain aimable, il est évident que Chénier, dès son retour du régiment, c'est-à-dire dès sa vingtième année, n'a pas cessé de travailler beaucoup. Sa lecture fut immense. Il lisait du grec, du latin, de l'anglais, du français à remonter jusqu'au xvᵉ siècle, le tout en curieux et en érudit, faisant de la critique de textes, collationnant les variantes, rétablissant le texte vrai, commentant, faisant des rapprochements continuels entre les auteurs grecs, latins et français. On voit cela par son commentaire sur Malherbe, qui était connu, mieux encore par ses papiers récemment livrés à la curiosité et qui semblent souvent, le plus souvent, ceux d'un Boissonnade ou d'un Egger. Il lisait par curiosité de connaître, par passion d'admirer, aussi avec l'arrière-pensée d'utiliser ses lectures. A chaque instant on lit dans ses notes : « J'en ferai un quadro [un petit tableau en vers, ou sur toile, car il était peintre aussi]. Rendre cette image et la bien placer..., la développer. Faire passer cela dans notre langue ».

Les noms qui reviennent le plus souvent dans ses souvenirs de lecture sont Homère, Hésiode, Platon, Aristophane, Callimaque, Théocrite, Méléagre, Catulle, Lucrèce, Virgile, Horace, Tibulle, Properce, Tacite, Salluste, Cicéron, dont il a fait un éloge à peu près sans réserve, Ronsard, que, du reste, il n'aime pas, Malherbe, qu'il admire infiniment, Pascal, Molière, Corneille, Racine, Voltaire, Montesquieu, Jean-Jacques Rousseau, Raynal, Condorcet, Mably, Buffon, Lebrun, Shakespeare, Milton (« le grand Milton », « grand aveugle dont l'âme a su voir tant de choses »), Gessner, Richardson, Ossian. L'Italie et l'Espagne lui semblent à peu près étrangères. Il fait allusion, cependant, à Dante, à Tasse et à l'Arioste.

Ce n'est pas tout. Il lit la Bible, dont il tire un poème de *Suzanne* et quelques vers sur Rachel. Il s'occupe, et beaucoup, de littérature chinoise, et il s'y passionne : « Cette ode est admirable.... Cette chanson populaire est excellente à traduire *in bouk*. [pour mes bucoliques]. Et cette pièce d'un poète philosophe, *C'est Horace en chinois* », etc. — C'est une éducation littéraire libre, vagabonde, compréhensive et toujours ardente, tout à fait semblable à celle de La Fontaine.

De cette éducation spontanée, succédant à celle qu'il avait reçue au collège et surtout à la maison paternelle, est sorti un esprit très libre, très hardi, assez puissant et surtout très curieux. — Que pensait-il sur les grands problèmes, sur les questions générales ? On ne sait pas très précisément. Chênedollé, sans doute pour l'avoir entendu dire à Rivarol, car lui-même ne paraît pas avoir connu Chénier, affirme qu'il était « athée avec délices ». *Rien* ne l'indique dans tout ce qu'a laissé Chénier; mais il faut se hâter d'ajouter que presque rien, ce qui est très significatif, n'indique aussi le contraire. Presque jamais il ne parle de Dieu. C'est tout ce qu'on peut dire sur ce point.

Pour ennemi du christianisme, il le fut absolument. Sur cette idée que la morale chrétienne n'est nullement supérieure à la morale antique, il est formel. Contre l'authenticité de l'histoire de Jésus, contre la résurrection de Jésus, il a des pages vigoureuses, entraînantes et passionnées. Il est antichrétien radical.

Il ne faudrait pas croire pour cela qu'il soit l'ami spirituel ou l'admirateur des philosophes du xviii° siècle. Il méprise Helvétius profondément et il lui joue le tour, dont il a dû ressentir un double plaisir malicieux, de lui montrer qu'une de ses idées favorites est une idée de philosophe chrétien :

Helvetius n'est pas l'auteur de cette flagornerie pour les sots par laquelle il soutient que tous les **hommes** sont nés avec la même dose de bon sens, de talents et de capacité. Il aurait eu bien du chagrin s'il avait appris que cette découverte lui avait été ravie d'avance par les premiers auteurs du Christianisme, qui, n'étant alors suivis que de la populace, n'oubliaient rien de ce qui pouvait la flatter. Minutius Félix, dans son dialogue : « *Sciat omnes homines sine delectu ætatis, sexus, dignitatis, rationis et sensus capaces et habiles procreatos;*

nec fortuna nactos, sed natura insitos esse sapientiam ».
[« Il faut savoir que tous les hommes sans acception
d'âge, de sexe ni de dignité, ont été capables de raison
et de sens et que ce n'est pas par hasard qu'ils ont
trouvé la sagesse mais par nature et innéité qu'ils la
possèdent ». — Je ferai remarquer que Minutius Félix ne
dit pas qu'ils la possèdent tous *également*.] Et Lactance,
homme éloquent et quelquefois sage : « *Dedit omnibus
Deus pro virili portione sapientiam, nec quia nos illi
temporibus antecesserunt sapientia quoque anteces-
erunt, quæ si omnibus æqualiter data est, occupari ab
antecedentibus non potest* ». |« Dieu a donné à tous la
sagesse, à chacun sa part, et parce que les anciens
nous ont devancés dans le temps, ce n'est pas une raison
pour qu'ils nous aient devancés en sagesse. La sagesse
étant donnée à tous également, elle ne saurait être
détenue par les prédécesseurs à titre de privilège. » —
Je ferai remarquer qu'il ne s'agit ici que de dénier aux
temps antiques le monopole de la sagesse et de
prouver que des novateurs peuvent avoir raison, étant
vraisemblable que Dieu a partagé la sagesse également,
non entre tous les hommes, mais entre tous les siècles;
et qu'en dernière analyse il n'y a qu'Helvetius qui ait
dit une sottise.]

André Chénier admire peu Voltaire et ne l'estime
pas du tout, ce qui, vers 1780, est une chose absolument extraordinaire et témoigne d'une très rare indépendance d'esprit. Le passage, encore peu connu,
est trop important pour qu'on ne m'excuse pas de
le citer presque en entier, quoiqu'il soit long :

Il n'y a point d'illustre personnage sur qui il soit plus
difficile et plus dangereux d'avoir publiquement son

avis ; et je craindrais fort, si le mien était connu, qu'il
ne m'attirât également la haine de ses partisans fana-
tiques et de ses fougueux ennemis. C'est assez là le
sort des hommes qui cherchent la vérité sans passion,
qui ne veulent qu'avoir et donner une juste idée des
choses, sans flatter l'injustice des uns ni l'engouement
des autres. Leur modération, qui est toujours le ton de
la vérité, semble toujours aux deux partis une satire de
leur excès. Parmi les enthousiastes de cet homme
illustre, les uns sont des savants d'un court mérite, qui,
ne connaissant guère les arts et les ayant négligés toute
leur vie pour se livrer à des études plus sérieuses,
souffrent impatiemment qu'on veuille attaquer la
moindre chose dans un auteur qui, seul, sait les délas-
ser quelquefois par des écrits légers, faciles, qu'on peut
prendre et quitter à toute heure. D'autres sont des
hommes médiocres et au-dessous du médiocre qui
s'embarrassent fort peu de justice et de vérité, mais que
leur orgueil arme en faveur de la gloire de Voltaire. Ils
ont intérêt à vouloir qu'on adore tout dans un auteur
qui leur a donné des louanges parce qu'il en donnait
indifféremment à quiconque l'avait loué ; et ils voient
bien que s'il fallait retrancher quelques pages des écrits
de ce grand homme, la première chose à réformer
serait les éloges qu'il leur prodigue.... Quant à ses
ennemis, il n'en faut point parler. La plupart sont une
canaille mercenaire qui avait un prix fait pour l'injurier.
Ainsi, en méprisant, comme je le dois, les infâmes
calomnies dont on a voulu le flétrir, ses écrits, ses
seuls écrits sont les témoins que j'écoute et qui, à dire
le vrai, me donnent de son caractère une idée peu
favorable. J'y vois une faiblesse, une pusillanimité hon-
teuse qui lui font rechercher les faveurs des grands ; il
les étale avec un orgueil d'enfant, et s'ils viennent à le
quitter, son dépit est aussi aigre, aussi injurieux, que

son ivresse avait été folle. J'y vois un égoïsme intolérant, un amour-propre bilieux et colère qui lui montre des ennemis partout.... Il y revient sans cesse avec une haine, un acharnement qui fatiguent.... Il abaisse les plus graves sujets pour les faire descendre à ces personnalités fastidieuses. Chez lui tous les genres de poésie deviennent la satire. Heureux encore s'il ne la faisait pas tomber souvent sur des hommes éloquents et profonds, qui ne lui avaient rien fait et qu'il eût dû traiter autrement. Mais que dirai-je de ces vers qu'il écrit, non seulement aux princes et aux rois, mais à leurs maîtresses, non pour louer leurs grâces et leur beauté, mais pour leur faire compliment sur leur grandeur et leur souhaiter une prospérité durable dans la place qu'elles occupent.... Que dirai-je de cette philosophie parasite, aux yeux de qui le riche qui a une belle maison, des voitures, des chevaux et qui va porter chez une riche courtisane le fruit de vingt années de concussions est toujours un honnête homme; mais le pauvre est un gredin que l'on renvoie dans son grenier, dans son galetas, à son cinquième étage? Ne fait-il pas beau voir un grand homme se vanter presque de sa richesse et siffler la pauvreté, comme ferait une catin?

> Je célébrais les faveurs de Glycère,
> De qui jamais n'approcha ma misère.

« Ma misère ! » Comment la plume ne tombe-t-elle pas des mains avant d'écrire un pareil mot pour en faire une raillerie? Tout cela me montre un homme que je n'aurais pu estimer et avec qui je n'aurais guère aimé vivre. Ajoutez les vertus austères et mâles souvent livrées à la risée du vice souple et poli, les louanges éternelles prodiguées à notre luxe, à nos vins, à nos cuisiniers, et l'ironie versée à pleines mains sur les hommes qui ont méprisé tous ces biens, sur les peuples qui ne les ont point connus et où une sainte égalité ne permettait pas à un petit nombre de citoyens de s'engraisser de la faim d'autrui. Que prétend-il? Veut-il que nous apprenions à préférer de tout notre cœur l'embonpoint de l'esclavage opulent à la pauvreté sobre et indépendante? Veut-il que nous ressemblions à ces animaux élevés dans nos basses-cours, qui se rassasient en paix de l'ample nourriture qu'on leur prodigue, sans se douter que c'est pour les manger?... Toutefois ouvrons d'autres pages dans ce même recueil et nous y verrons la vertu aimée et respectée et peinte de couleurs dignes d'elle; nous y verrons le vice traîné dans la boue, la grandeur accompagnée de vices foulée aux pieds, les usurpations en tout genre attaquées et avec une véhémence ou avec un sel âcre et pénétrant, qui n'est pas moins efficace; enfin tous les droits de l'humanité soutenus avec une éloquence si persuasive que je m'étonne toujours que des pensées si contraires soient nées dans la même tête et que cette dernière partie de ses écrits n'ait pas obtenu de lui qu'il supprimât l'autre.... Je suis donc bien loin de lui vouloir contester des talents faits pour atteindre au plus haut point de perfection dans les arts. Si le ciel les lui avait refusés, je ne l'accuserais point.... Au contraire je lui fais un crime d'avoir laissé engourdir la moitié de sa force pour fuir le travail de l'employer tout entière; d'avoir laissé la mine d'or enfouie sous terre pour ne point se fatiguer à l'exploiter.... Je me plains que, dans la confiance et la sécurité que lui inspirait l'aveugle admiration de ses contemporains pour tout ce qui sortait de sa plume, il se soit souvent hâté de publier des esquisses au lieu d'achever des tableaux et qu'il ait mis au jour nombre d'ouvrages qui devaient plus compter sur son nom que sur leur mérite.... Tels sont

d'énormes recueils de mélanges, de questions encyclo-
pédiques, où, à la réserve d'un petit nombre d'articles
fort beaux, dont il eût pu remplir un juste volume, on
ne trouve qu'un puéril amas d'opuscules, où d'intéres-
santes question de science et de politique sont décidées
avant même d'être entamées, où l'on n'apprend point de
vérités, où l'on apprend souvent le contraire, où il
apporte en preuve de tout des plaisanteries oiseuses,
plus malignes qu'enjouées et déjà usées et rebattues
par lui-même, enfin mille folies, mille grimaces insi-
pides que l'on ne regarderait pas, sans un coloris vif
et éblouissant, un style pétillant et léger qui amuse et
étourdit le lecteur et lui fait perdre avec joie autant de
temps à les lire que l'auteur en perdit à les composer.
M. de Voltaire s'est fait l'antagoniste de ces admirables
écrits, l'*Esprit des Lois* et le *Contrat social* et en a
même déchiré un, ainsi que son auteur, par des insultes
amères.... Les objections, si l'on en excepte une ou
deux, sont de la plus insigne faiblesse et il est heureux
que l'esprit et les talents n'aient guère de force contre
la raison et la vérité. On gémit pour lui de voir combien cette partie de ses ouvrages est faite avec précipitation et légèreté; combien elle fourmille de préven-
tions aveugles, de méprises sur l'état de la question,
d'inconséquences, d'inadvertances, de contresens, de
plaisanteries froides et étrangères au sujet...

En général, du reste, « l'homme du xviii° siècle »,
incrédule par légèreté, par ignorance, par air, par
mode, par goût de la nouveauté, par mépris des
ancêtres, par instinct antinational, par vanité d'esprit fort, surtout par imitation, du reste merveilleusement borné, déplaît horriblement à Chénier, et,

incrédule lui-même, mais pour d'autres raisons, il le
méprise profondément. Il en a tracé un joli portrait :

Pensez-vous que si tout le monde a sur les lèvres
quelques vérités philosophiques, le nombre des vrais
philosophes en soit plus grand ? Si peu de gens sont en
état d'enfanter une idée qui leur appartienne, ou de bien
saisir celles des autres, si peu connaissent la vérité, si
peu la cherchent, si peu ont des principes à eux! La
plupart de ces incrédules ne le sont que par crédulité.
ils sont nés pour croire, pour répéter ; leur esprit
inactif ne pense point et croit penser ce qu'on pense
autour d'eux. Il est inerte; rien dans lui ne le déter-
mine. Si rien ne le poussait, il resterait immobile. Il ne
se meurt que du mouvement commun. Tel homme, il y
a deux cents ans, aurait passé sa vie dans les églises, un
chapelet à la main, précisément pour la même raison
qui fait qu'aujourd'hui il plaisante sur la messe avec ses
valets. Un peu de lecture et de conversation lui a appris
quelques raisonnements de Bayle, de Voltaire, ou de
quelqu'un de ces hommes qui nous ont éclairés. Il les
répète. Il trouve qu'ils ont raison. D'autre lectures,
d'autres conversations le pousseraient autrement. Sur la
foi de Calvin, il irait brûler Servet. Échauffé par Bucer
ou par Knox, il tuerait le duc de Guise ; prêché par un
moine, il poignarderait Coligny. Suivez-le dans les opinions où il n'a point de guide. Le premier charlatan qui
se présente à lui lui dit... et il le croit.... Il lui dit... et il
le croit ; et il le prouve, et il va partout le criant, le
prêchant. Pour moi, je ne vois point qu'il y ait tant de
différence entre croire cela ou la résurrection de Lazare.

C'est le développement, très vif et brillant, du
mot de La Bruyère : « Un dévot est un homme qui,

sous un roi athée, serait athée ». Il y a telle autre époque où l'on pourrait dire : « Un athée est un homme qui sous un gouvernement dévot serait dévot ». Chénier n'est pas dupe de ces convictions faciles, ni accessible à ces contagions. Il n'y a pas d'homme qui, tout en étant de son temps pour la vive intelligence qu'il en avait, ait été plus indépendant de son temps par la vive intelligence qu'il avait de toutes choses.

C'est qu'aussi — on ne le savait pas, mais on vient de l'apprendre par l'ouverture de ses portefeuilles trop longtemps restés fermés — il était observateur; il était moraliste à la façon de La Bruyère ou de Vauvenargues, pour son compte et sans en faire son métier; mais avec une singulière pénétration. On vient de le voir; on en jugera plus complètement par les quelques tableaux et portraits que je vais détacher de ses réflexions diverses.

Voici d'abord l'homme de peu de suite dans les idées, qui n'aperçoit jamais l'étendue ni la portée d'une pensée qu'il croit avoir ou d'une opinion qu'il professe. Très commun. On terrifie dix-neuf hommes sur vingt en leur montrant la conséquence logique, nécessaire et toute prochaine de l'opinion qu'ils émettent.

Si dans la société vous agitez une question avec un homme qui réponde très souvent : « Je n'ai pas dit ça; je ne l'entendais pas ainsi; ce n'est pas ce que je voulais dire… »; taisez-vous sur-le-champ et ne discutez jamais rien avec lui. Vous pouvez être sûr que c'est un homme qui pense très peu, qui n'a jamais réfléchi sur rien, et n'a, par conséquent, rien de fixe, aucun principe stable d'où découlent ses opinions. C'est un homme qui ne voit la suite, l'étendue, la conséquence de rien; qui recule à chaque pas, épouvanté des abîmes où il s'est précipité lui-même, qui se voit, à chaque phrase, contraint de revenir sur ses pas et qui ne dit pas un mot qu'il ne rétractât sur l'heure s'il avait de la bonne foi ou un esprit juste.

Voici le « petit critique », le critique des défauts et des minuties. Son portrait serait admirablement à sa place dans le chapitre des *Ouvrages de l'esprit*, de La Bruyère. Il est de tous les temps, pour cette raison qu'il est plus facile de blâmer que de comprendre et plus facile aussi de compter sur ses doigts que de penser. A un critique qui avait remarqué que M. Zola avait employé vingt fois en dix-sept pages un certain mot, l'auteur répondait : « M. X… a raison; mais il était moins né pour être critique que pour compter les voitures à l'entrée d'un pont ».

De ces parlements littéraires émanent des décisions que les sots répètent et qui les font briller entre eux. Paraît-il un ouvrage nouveau? Ils s'en emparent pour le juger. Dépourvus de goût, de jugement, de sensibilité, incapables de rien apprécier quand la voix publique ne les guide pas, ils ne regardent point s'il est bien conçu, bien pensé, s'il y a des sentiments nobles et mâles, s'il est écrit d'une manière vraie, forte, neuve, digne du sujet; non, rien de tout cela. Que leur importe? Ils ne savaient pas qu'on mit cela dans un livre. Dans un tableau d'Apelles ils ne regardent que les souliers. Si l'ouvrage est en vers, ils observent gravement que quelquefois il n'y a pas de repos après l'hémistiche. S'il est en prose ils examinent combien on y rencontre de vers alexandrins. Et ils sont trop sévères critiques pour pardonner un si horrible défaut.

Voici le faux modeste ou le faux indépendant, ou l'un et l'autre en un seul portrait. Celui-ci est particulièrement du xviiie siècle ou du xixe. Plus que Duclos, plus que Vauvenargues, Chénier aurait pu être, s'il avait poursuivi dans cette voie, le La Bruyère du xviiie siècle. Or c'est un La Bruyère qui a manqué au xviiie siècle, et il serait assez bon que tout siècle eût son La Bruyère. Cela ne sert pas à grand'chose; mais cela fait toujours un peu réfléchir : « Ils seraient peut-être plus mauvais encore, dit La Bruyère, précisément, s'ils venaient à manquer de censeurs et de critiques ».

Jean Gay, homme estimé en Angleterre, eut la faiblesse d'employer une partie de sa vie à se pousser auprès des grands. Comme il avait un vrai mérite, il ne put réussir à y faire fortune et alors il déclama contre eux. Beaucoup d'hommes de lettres de tous les âges, de tous les pays, ont suivi ou donné cet exemple. L'un revient si souvent et avec tant d'emphase à son mépris pour l'ambition, nous fait regarder comme un effort si sublime de rester dans la médiocrité, qu'en effet je dois croire que c'est un effort pour lui. L'autre, pour vanter sa tranquillité, prend un style convulsif, aigre, injurieux, qui tourmente et fatigue. On ne se tend pas, on ne se raidit pas, on s'assied, pour être tranquille. Un autre dit à chaque page qu'il méprise les faveurs des grands. Pour un homme qui les méprise, c'est s'en occuper beaucoup. Cette affectation pénible de prôner son bonheur, d'insulter ceux qui n'en jouissent pas, n'est guère propre à le faire sentir ni à faire penser qu'on l'a senti soi-même.

Voici venir l'envieux, qui vient toujours ; car lui est de tous les temps. On peut même dire qu'il a raison ; car il faut envier pour avoir de l'émulation, et qui n'envie point est ou un orgueilleux bête ou un nul ; seulement il ne faut pas montrer qu'on envie, parce que c'est ridicule, et il faut envier tout en admirant, et l'envie ne doit même être qu'une forme d'une généreuse admiration. La Bruyère avait déjà peint l'homme à qui l'on soumet son livre, à qui l'on demande son avis sur son livre et qui vous parle du sien. Chénier a repris le portrait avec bonheur :

J'allai chez *un tel* et je lui fis voir mon ouvrage. Malheureusement il avait écrit sur la même matière et dans le même genre.... Car c'est à quoi il faut bien prendre garde. Ménandre est un poète comique et vous allez le consulter sur les comédies que vous voulez faire : « Eh ! mon ami, s'écrie-t-il en vous arrêtant aux premiers mots, ne faites point de comédies. C'est dommage ; vous êtes plein de talent pour tout ; mais vous n'êtes point propre à la comédie. Faites de tout plutôt que des comédies ». Martial pâlit en voyant une bonne épigramme, fût-elle contre son ennemi. Ne montrez point votre discours à celui-ci. C'est un discoureur ; c'est vouloir le frapper à mort. N'allez point lire vos idylles à celui-là ; il en fait ; vous lui donneriez la fièvre. Chaque auteur s'empare exclusivement, non seulement du sujet qu'il traite ; mais encore de tout ce qui peut y tenir de près ou de loin. Ce dont il a parlé, vous ne devez plus le savoir que de lui, le connaître que par lui ; ne vous avisez pas d'en parler devant lui sans le citer ; il vous regarderait, il vous écouterait, il vous épierait avec dédain : « Quoi ! Vous savez cela, vous ! » Il aurait peine à s'empêcher de rire. Si, dans sa tragédie, ou dans son poème ou dans son histoire, il a peint Tibère, Auguste, Livie, ne touchez plus à aucun de ces personnages. Gardez-vous même de nommer Drusus, ou Germanicus, ou la vertueuse Agrippine. C'est un vol que vous lui faites. Tout cela est à lui. Toute la famille des Césars lui appartient. Je m'imagine voir ce brigand de Nunez, qui, montant sur une barque et s'avançant quelque part dans l'Océan Pacifique, s'écrie que tout ce qu'il y a de terre et de mer autour de lui appartient à l'Espagne et qu'il en prend possession.

Les ridicules des académiciens ne pouvaient pas être épargnés. Chénier en connaissait quelques-uns et non des moindres. Voici M. le membre de l'Académie française en général et en particulier M. le secrétaire perpétuel. A côté de celui-ci il faut mettre je crois le nom de Marmontel ; car Marmontel fut secrétaire perpétuel de 1783 à 1792 et du reste le portrait s'ajuste beaucoup plus à lui qu'à son prédécesseur d'Alembert :

Quelle arrogance ces sociétés littéraires inspirent à ceux qu'elles admettent parmi leurs membres ! Surtout

celui qui en exerce la magistrature : le secrétaire perpétuel ! Il ne s'oublie nulle part ; il représente ; il veut
bon gré mal gré ne se coucher qu'en robe et qu'en bonnet
carré. Partout où il est, il parle avec poids et mesure,
bien grammaticalement. Assis au coin du feu, il pense
être sur un fauteuil académique. Tous ceux qui entrent,
il les regarde comme des récipiendaires. Il répond
à un compliment comme à un discours de réception. Il
se croit le secrétaire perpétuel du genre humain.... Con-
venons que la plupart de ces grands seigneurs semblent
ne chercher à vouloir passer pour gens de lettres que
dans le dessein de tourmenter plus à leur aise ceux qui
le sont en effet. Voyez-les, revêtus de la magistrature
littéraire, inscrits enfin sur le registre de quelque académie : comme ils deviennent importants ; avec quelle
dignité ils représentent ! Qu'un homme de génie soit assez
faible, assez avide de la louange, quelle qu'elle soit,
pour leur lire son ouvrage, de quel air ils l'écoutent !
Quel regard capable et intelligent ! Puis ils pèsent, ils examinent
les *si* et les *mais*. Un jugement comme le leur ne
doit pas être hasardé ! Il y va de l'intérêt des lettres....

On pourrait mettre ce qui suit en note aux marges
ou à la suite du *Poète courtisan* de Joachim Du Bellay.
La seule différence essentielle est qu'au xvie siècle
le poète courtise à la cour et qu'au xviiie, peut-être
même au xixe et au xxe, il courtise dans les salons et
auprès des grands de ce monde. La différence est
essentielle, en effet ; mais elle est petite :

Que de fois n'a-t-on pas vu tel ou tel auteur célèbre,
qui, dans ses premiers écrits, avait déployé toutes les
forces de son génie à terrasser les grands sous d'éloquentes invectives, pour peu qu'il voie le jour à se mêler

parmi eux, qu'ils l'invitent à souper, qu'ils les pressent de lire devant de grandes assemblées, changer tout à coup de drapeaux et devenir courtisan lui-même! Que dis-je? Il les prend pour modèles. Il imite leurs phrases, il les cite familièrement; il compose son visage; il mesure ses paroles; il représente; il va même jusqu'à protéger, et tout cela avec une maladresse grotesque, une gêne gauche et risible qui empêche qu'on ne s'offense de cette vanité mesquine et puérile et qui rappelle le bon Jourdain embarrassé s'il mettra ou ne mettra pas sa robe de chambre. Passe encore s'il savait prendre cette facilité, cette aisance qu'au moins une longue habitude donne aux gens de cour et qui chez eux fait de toutes ces fadaises une espèce d'exercice assez amusant à voir une fois. Car remarquez bien, je vous prie, les divers degrés de cette généalogie de bassesse. L'altier courtisan emprunte tout son orgueil des regards du maitre qui ont daigné tomber sur lui; mais à son dîner, il est maître à son tour et ses regards, en tombant sur le ridicule front de son poète, lui transmettent une partie de cet orgueil emprunté. C'est la lune qui emprunte sa lumière du soleil et qui vient sur la terre se réfléchir dans un bourbier. Mais, outre le ridicule qu'entraîne un pareil changement de conduite, combien l'homme qui en est coupable et qui est ainsi la dupe de son orgueilleuse politesse, a de quoi rougir à ses propres yeux! Confus, inquiet, tourmenté par sa mémoire, pressé entre ce qu'il fait et ce qu'il a dit, il voit bien qu'il faudrait effacer ou sa vie d'aujourd'hui ou ses ouvrages d'autrefois. Il craint que chacun ne soupçonne que ceux-ci ne venaient que d'un dépit amer et chagrin, d'une impatience colère de se voir ignoré ou négligé. Il sent que ses complaisances nouvelles rendent sa fierté passée ridicule et que sa fierté passée rend ses complaisances d'à présent plus honteuses.

A qui peut bien s'appliquer le portrait suivant? Je ne dissimule point du tout que je songe à Lebrun-Pindare. — Mais Lebrun était fort aimé de Chénier. — Sans doute; mais, comme la distinction dépend des quartiers, l'amitié dépend des dates. Il est évident que le portrait répond à un homme que Chénier a aimé, puis, qu'il a étudié, puis, qu'il a connu, puis, qu'il a méprisé un peu. Et tout cela est ce qui a dû arriver à tout homme qui a eu commerce avec Lebrun. En tout cas voici le portrait. Il peut être celui de Lebrun, il peut être celui de beaucoup d'autres, malheureusement. Remarquez que Chénier commence par parler au pluriel, et qu'il finit par parler terriblement au singulier :

A comparer la conduite et la vie de *plusieurs auteurs célèbres* avec leurs ouvrages, on ne peut se persuader que le même homme agisse et écrive de deux manières si différentes. Leurs livres sont pleins d'onction, d'humanité, de tendresse pour leurs amis. Les sentiments les plus délicats y sont revêtus de l'expression la plus touchante. Étudiez-les de près. Cherchez la plus minime chose dans leur cœur. Ce n'est plus cela. C'est à l'intérêt de leur gloire qu'ils ont mesuré tous leurs beaux discours. D'après la place que vous leur avez accordée ils calculent juste celle que vous méritez dans leurs éloges. Ils n'estiment en vous que l'estime que vous avez pour eux. Un peu moins de louanges que vous leur avez donné, *un peu moins d'empressement à rire de leurs mots*, un moment d'humeur taciturne qui peut venir ou d'un chagrin domestique ou du mauvais temps, ou d'une digestion pénible, oui, cela même suffit pour vous ôter leur amitié. Alors quelqu'un qui les avait entendus vous élever aux nues les aborde, leur parle de vous, et, pour leur faire plaisir vous loue, vous élève, répète enfin ce qu'ils ont dit. Un froid silence leur ferme la bouche. Tout est changé. Le mois passé, vous étiez un homme extraordinaire, une âme comme on n'en fait plus, un reste de l'âge d'or. Ce mois-ci, c'est le contraire. Ne vous désespérez pas : le mois prochain tout peut changer encore. Mais pour Dieu, *protecteur tyrannique*, n'as-tu pas écrit mille fois que l'on naît avec ses talents et ses vertus? Oui; mais ceux qui vivent avec toi, tu les exemptes de la règle. Ceux-là dépendent de toi. Ils sont nés pour toi. Ce sont tes *ombres*, comme les riches Romains en avaient deux ou trois aux repas où ils étaient invités. C'est de toi qu'ils tiennent tout. Ils n'ont plus de talents, s'ils veulent les avoir loin de toi. Ils auront du mérite s'ils te plaisent : *y si no,... no*. Mais je ne sais point confondre *cet auteur que j'admire avec cet homme que je n'aime point.*

Telle était la manière, assez incisive, dont André Chénier lisait dans les âmes. Comment il lisait dans les livres, on le voit par mille notes et observations qui, à la vérité, datent, très probablement, de toutes les années de sa vie, mais qu'il a commencé à écrire dès la vingtième, puisqu'une de ses notes du *Commentaire* de Malherbe est datée par lui et fait remonter ce petit travail à 1781. — En général ce qu'on y voit, c'est qu'il aime avant tout les Grecs, presque autant les Latins, infiniment peu les Anglais, sauf Milton et, en partie seulement, Shakespeare ; qu'il estime et goûte Rabelais et Montaigne, qu'il ne touche à Ronsard

qu'avec précaution, qu'il connaît peu la « Pléiade »,
lui qui est une « Pléiade » à lui tout seul ; qu'il adore
Malherbe, tout en étant révolté, à la rencontre, de
ses platitudes ; et que, pour ce qui est du xviie siècle
proprement dit, lui, le poète classique par excel-
lence, il est en vérité assez froid, sur quoi il convient
de s'arrêter un instant.

D'abord il n'aime pas le xviie siècle religieux,
comme on pouvait s'y attendre. Il a évidemment peu
lu Bossuet, point du tout Arnauld. Il a lu Pascal et
il est pour lui d'une dureté égale à celle de Voltaire : « ... Les auteurs qui ont eu le malheur d'écrire
d'après ces fausses notions passent, parce que la
nature et la vérité sont éternelles.... C'est ce qui a
perdu beaucoup de beaux génies qu'on ne peut plus
lire que pour admirer leurs talents, leurs belles
expressions, et déplorer leur sagacité à chercher des
sophismes pour prouver des absurdités... Pascal...
Bossuet.... Qui méconnaîtra dans ce tableau cet écrivain de parti qu'un chef-d'œuvre de style et de plai-
santerie rendit formidable aux ennemis de Port-Royal,
ce Pascal, qui, depuis, employa beaucoup de génie
à maudire le bon sens qui examine et à se révolter
contre le doute, homme arrogant et orgueilleux sous
les formules de l'humilité, indigné qu'aucun mortel
se crût permis de secouer un joug qu'il voulait porter
lui-même ; homme né pour la gloire et pour l'utilité
de son siècle, s'il ne se fût étudié à perdre sa vie

dans des misères tristes et sauvages et s'il n'eût préféré au sage honneur de perfectionner les lettres et les sciences le dur plaisir d'humilier l'espèce humaine devant les chimères qu'elle-même invente dans son délire.... C'est dans cet esprit que sont faits presque tous les morceaux qui composent le recueil des *pensées* de Pascal. Ceux qui ne peuvent se résoudre à penser et qui croient et répètent sans examen ce qu'ils ont jadis ouï dire, nous les vantent sans cesse comme un livre admirable. Il y a en effet des endroits éloquents; mais combien c'est peu de chose que de l'éloquence employée à soutenir du ton le plus arrogant les plus impitoyables sophismes ».

Et ceci a sans doute été écrit par André très jeune; mais dans le plan de l'*Hermès*, qui est certainement d'une époque plus rapprochée de nous, Chénier dit encore : « ... Beaucoup d'hommes, invinciblement attachés aux préjugés de leur enfance, mettent leur gloire, leur piété à pouver aux autres un système avant de se le prouver à eux-mêmes. Il disent : ce système, je ne veux point l'examiner pour moi : il est vrai; il est incontestable, et, de manière ou d'autre, il faut que je le démontre. Alors, plus ils ont d'esprit, de pénétration, de savoir, plus ils sont habiles à se faire illusion, à inventer, à colorer les sophismes, à tordre et à défigurer tous les faits pour en étayer leur échafaudage.... Et pour ne citer qu'un exemple et un grand exemple, il est bien clair que dans tout ce qui regarde la métaphysique et la religion, Pascal n'a jamais suivi d'autre méthode ».

Voilà qui est entendu, tout le xviie siècle religieux et philosophique est fermé à André Chénier. Il n'a pas assez vécu pour y entrer.

Mais le xviie siècle même proprement littéraire est beaucoup moins aimé de lui qu'il ne serait vraisemblable qu'il le fût. Il ne cite jamais, ou quasi jamais, car il se peut que j'oublie deux ou trois de ses notes, ni Corneille, ni Molière, ni Boileau, ni La Fontaine. Je ne vois que Racine qu'il cite souvent, par rapprochement soit avec Malherbe soit avec un auteur grec et toujours avec une tendre admiration, et certes personne ne veut s'étonner que Chénier chérisse Racine; mais que La Fontaine lui ait échappé, ce qui paraît certain, il est surprenant.

Il a du reste une demi-page, à l'endroit du xviie siècle en général, qui sent la résistance plus que l'entraînement, encore qu'elle ne soit pas assez précise pour qu'on en puisse tirer des conclusions fermes. C'est plutôt une réflexion sur la théorie de Voltaire sur les *siècles culminants*, après lesquels il ne peut y avoir que décadence, qu'une attaque contre le xviie siècle lui-même; mais encore ce n'est pas une déclaration d'amour au grand siècle :

« En nous citant le siècle dernier on nous dit sans cesse, pour nous décourager, qu'il est un certain degré où parviennent les choses humaines, où tout ce qui compose... étant parvenu comme de concert à son plus haut point de perfection possible, ne saurait rester où il est, puisque le repos est incompatible avec cet état de force et de tension, et ne peut avoir par conséquent qu'un mouvement de décadence. Personne ne doute de ce principe. Mais le siècle dernier avait-il atteint ce degré? Je ne parle ici que de beaux arts et cet ouvrage, auquel il ne faut point donner une trop grande importance, n'est point destiné à s'élever jusqu'aux belles spéculations de la politique morale. Je pense d'ailleurs que l'art de gouverner les hommes en les rendant heureux n'est point celui dont Louis XIV s'est occupé le plus, ou, du moins, avec le plus de succès. Les savants ne contestent pas que les sciences ne fussent encore au berceau, de son temps, et quant aux beaux arts, je crois avoir démontré, par ce que nous en avons vu jusqu'ici, qu'il faut n'en avoir qu'une connaissance bien superficielle pour croire qu'ils étaient parvenus alors au plus haut point de perfection qu'ils puissent atteindre. »

On peut dire sans craindre de se tromper trop lourdement que Chénier est le dernier des poètes classiques et néo-antiques, dont le premier, à peu près, est Ronsard et dont la chaîne presque ininterrompue va de Ronsard à Chénier; mais qu'il est de cette série et de cette famille, sans vouloir en être, et qu'il prétend remonter à la source antique directement, sans passer par le fleuve, sans s'y arrêter, sans être un chaînon de la chaîne, ni un membre, à son rang, de la famille. Il ne veut pas être néo-antique ; il veut être antique. Il ne veut être ni racinisant, ni ronsardisant. Il se place avant Ronsard, comme un artiste du xv⁰ siècle qui déterrerait lui-même les statues antiques. — En quoi, du reste, il a bien raison, et c'est là, en dehors même de son génie, son originalité toute particulière. Les indépendants sont volontiers des isolés. Il a été isolé dans son imitation ou même dans sa manière d'imiter. Il a imité personnellement, librement, non par tradition ou en communauté. Il s'est mis à l'école, oui ; mais il n'a voulu être d'aucun atelier.

Et c'est bien le moment de parler de son programme littéraire, de la théorie qu'il a faite de son art, de ce qu'il s'est proposé de faire dans la République des lettres.

A la vérité, non, ce n'est pas proprement le moment. Car il a eu deux programmes, qui sont presque en sens inverse, l'un aux premières années de sa vie littéraire, l'autre aux dernières et comme en prévision et en préface de l'*Hermès*. Mais raison de plus pour dire ici ce qu'il se proposait à vingt ans, quitte à dire plus tard ce qu'il se proposait à trente ; et son progrès, ou son évolution, si l'on veut, n'en sera que tracé plus précisément.

Vers sa vingtième année il n'avait d'autre dessein

que d'être un poète grec en français. Son premier mot est bien : « *Je veux qu'on imite les anciens* ». Ce qu'il veut alors, élève de Brunck, de Barthélemy, de Guys et de Choiseul-Gouffier, c'est faire passer les beautés de la poésie grecque dans la littérature française en leur intégrité, sans les altérer sous prétexte de les embellir et sans les effacer sous prétexte de les accommoder à notre goût. Ce qu'il veut, c'est une « renaissance » vraie, c'est-à-dire à la fois plus *discrète* et plus *intime* que celle de Ronsard ; plus discrète, en ce qu'elle ne consistera pas à copier violemment, à arracher par lambeaux l'antiquité et à la plaquer dans des poèmes français comme pièces de gazon dans un parterre ; plus intime, en ce qu'elle consistera à penser à nouveau et à sentir à nouveau les choses d'Attique, d'Ionie et de Sicile et à se faire une âme, un cœur, un esprit et des sens antiques, par une sorte *d'innutrition* continue et perpétuelle. C'est lui, lui le premier, plus précisément à la fois et plus poétiquement que La Fontaine lui-même, qui, de cette innutrition, a donné et la théorie, et l'image, comme plus tard l'exemple :

Comme aux bords d'Eurotas. . . . .
Lorsqu'une épouse est près du terme de Lucine,
On suspend devant elle, en un riche tableau,
Ce que l'art de Zeuxis anima de plus beau,
Apollon et Bacchus, Hyacinthe. Nérée,
Avec les deux Gémeaux leur sœur tant désirée.

> L'épouse les contemple; elle nourrit ses yeux
> De ces objets, honneur de la terre et des cieux;
> Et de son flanc, rempli de ces formes nouvelles,
> Sort un fruit noble et beau comme ces beaux modèles.

En beaucoup moins bon style il expose ailleurs et développe en tout son détail cette idée essentielle qui fut toute sa pensée directrice pendant sept ou huit années, à ce qu'il me semble :

« Celui qui, n'ayant point de but, de plan, de série d'idées qui le conduise, d'impulsion secrète qui le domine, n'écrit que pour tenir une plume et va cherchant de côté et d'autres quelques perles incohérentes et parasites, quelques riches lambeaux pour les coudre à sa robe qui les ternit et n'en paraît que plus pauvre, celui-là est un plagiaire ou au plus un compilateur. Mais celui qui embrasse un projet étendu, le poursuit, avance dans son vaste plan, ne perd de vue aucune partie, et, recueillant dans ses souvenirs et dans ses lectures quelques beautés qui se trouvent devant lui, grossit son fleuve déjà grand et mêle de l'or avec de l'or; celui-là ne mérite pas les mêmes noms. Car l'un ne fait que transposer des mots d'un papier sur un autre; il emprunte sans devenir riche; et les bonnes choses qu'il rencontre ne font que passer sur ses lèvres et le laissent maigre et décharné; tandis que l'autre les goûte, les savoure, les digère, et leur suc devient sa propre substance. Et comme il est certain que tous les hommes reçoivent toutes leurs idées par les sens et, ensuite, par la mémoire et le raisonnement, les combinent, les rapprochent, les divisent, et se composent chacun un cercle, qui lui appartient, de notions plus ou moins générales, d'expériences plus ou moins étendues, suivant son plus ou moins de force et de capacité d'esprit; ainsi peut-on dire que les penseurs lettrés ont en plus grand nombre que les autres hommes des sens ouverts à toutes les impressions étrangères, qui, réunies à ce que la nature leur avait donné, leur forme une habitude de penser, de sentir et de s'exprimer, qui est leur, quoique en partie de sources empruntées. D'où l'on peut assez conclure, ce me semble, que cette plainte, si fréquente chez plusieurs auteurs, même anciens, que tout a été dit et qu'on ne peut plus écrire rien de nouveau, est moins fondée sur la vérité et sur la nature des choses que sur la stéritilité des écrivains. »

Donc il faut absorber en soi l'antiquité, se l'assimiler, la digérer et en faire son sang. Ensuite on pourra écrire, imitateur involontaire, sans imiter jamais. On sera « naïf » [naturel, spontané; le mot n'a pas d'autre sens de 1500 à 1800] tout en étant inconsciemment imitateur. Pour Chénier cette qualité de la « naïveté » est la première de toutes : « Naïfs » le « *Si dentro impietrai* » [tout mon cœur devient une pierre]; le « *Tu guardi, si, padre : che hai?* » [Comme tu nous regardes, père : Qu'as-tu?];

le « *Padre mio, che non m'aiuti?* » [Père, que ne m'aides-tu?] de l'épisode d'Ugolin. « Naïfs » le « *Je suis chrétien* » de *Polyeucte*; le « *qu'il mourût* » d'*Horace*; le « *Rome eût été du moins un peu plus tard sujette* » du même; le « *Eh! quoi! Toujours du sang et toujours des supplices* » de *Cinna*; le « *Saltem si qua mihi de te suscepta fuisset ante fugam soboles* » de la *Didon* de Virgile. — « Naïfs » les adieux d'Hector et d'Andromaque. — « Malheur au cœur de pierre qui ne préfère pas cela à vingt volumes de belles phrases! »

Étude constante des anciens et cependant naturel et naïveté, que non seulement l'étude des anciens n'altérera point, mais qu'elle entretiendra, si l'on n'en est point encombré, si elle est descendue au fond même et dans l'intimité de notre être : voilà les deux premiers points du programme.

Ajoutez-y, comme condition essentielle, la sensibilité. Il ne suffit ni d'être savant, ni d'être naturel; il faut être passionné. Boileau avait dit :

C'est peu d'être poète : il faut être amoureux.

Musset dira :

Tu te frappais le front en lisant Lamartine.
Ah! frappe-toi le cœur; c'est là qu'est le génie.

Entre les deux, et montrant que classiques et romantiques et intermédiaires sont tous d'accord sur ce point dès qu'ils ont le sens artiste et dès qu'ils ont réfléchi sur leur art, Chénier écrit :

> L'art des transports de l'âme est un faible interprète.
> *L'art ne fait que des vers; le cœur seul est poète.*
> Sans sa fécondité le génie opprimé
> Ne peut garder l'ouvrage en sa tête formé.
> Soit que le doux amour des nymphes du Permesse
> D'une fureur sacrée enflamme sa jeunesse,...
> Soit que d'ardents désirs son âme poursuivie
> L'aiguillonne du soin d'éterniser sa vie;
> Soit qu'il ait seulement, tendre et né pour l'amour,
> Souhaité de la gloire. . . . .
> Malgré lui, dans lui-même, un vers tendre et fidèle
> Se teint de sa pensée et s'échappe avec elle.
> Son cœur dicte; il écrit. A ce maître divin
> Il ne fait qu'obéir et que prêter la main.

Être pénétré des anciens, être naturel, être passionné, c'est toute la *poétique* de Chénier dans ses années de recherche et d'apprentissage. C'est ainsi qu'il se flatte de pouvoir donner à la France un nouveau Tibulle, un nouveau Callimaque et un nouveau Théocrite; car c'est à cela, quoiqu'il ait un peu songé à l'*Hermès* dès la vingtième année, qu'il borna longtemps son ambition, déjà assez vaste. En un mot, comme il l'a dit d'un mot admirablement trouvé et bien juste, « créer avec les anciens », se mêler à eux, non pas s'unir à eux comme la vigne à l'ormeau ou le lierre à l'érable; mais les mêler à soi comme la sève au tronc et les faire vivre en soi et jeter des

rameaux nouveaux et des fleurs nouvelles, voilà ce
qu'il poursuit jusqu'à présent d'une passion ardente,
patiente et sûre. Il décrit ce travail très particulier en
des vers saisissants de précision comme de grâce :

> Ami, Phœbus ainsi me verse ses largesses.
> Souvent des vieux auteurs j'envahis les richesses ;
> *Plus souvent* leurs écrits, aiguillons généreux
> M'embrasent de leur flamme, et je *crée avec* eux.
> Un juge sourcilleux, épiant mes ouvrages,
> Tout à coup à grands cris dénonce vingt passages
> Traduits de tel auteur qu'il nomme, et, les trouvant,
> Il s'admire et se plaît de se voir si savant.
> Que ne vient-il vers moi? Je lui ferai connaître
> Mille de mes larcins qu'il ignore peut-être.
> Mon doigt sur mon manteau lui dévoile à l'instant
> La couture invisible et qui va serpentant
> Pour joindre à mon étoffe une pourpre étrangère.
> Je lui montrerai l'art ignoré du vulgaire
> De séparer aux yeux, en suivant leur lien,
> Tous ces métaux unis dont j'ai formé le mien.
> . . . .
> *Tantôt chez un auteur j'adopte une pensée* ;
> *Mais qui revêt, chez moi souvent entrelacée*
> *Mes images, mes tours, jeune et frais ornement :*
> Tantôt je ne retiens que les mots seulement,
> J'en détourne le sens et l'art sait les contraindre
> Vers des objets nouveaux qu'ils s'étonnent de peindre.
> . . . .
> Des antiques vergers ces rameaux empruntés
> Croissent sur mon terrain noblement transplantés ;
> Au tronc de mon verger ma main avec adresse
> Les attache et bientôt même écorce les presse.
> De ce mélange heureux l'insensible douceur
> Donne à mes fruits nouveaux une antique saveur.

En un mot Chénier ne voulait, vers la date où nous sommes, que donner à la France un Ronsard lié à l'antiquité d'un commerce plus intime que Ronsard lui-même et connaissant mieux, s'il était possible, l'art d'imiter originalement. Et sa poétique aurait pu se résumer en cette devise : *Faisons des vers nouveaux sur des pensers antiques.* Nous verrons que, plus tard, il a précisément retourné cette devise et qu'il dira : « *Sur des pensers nouveaux faisons des vers antiques* », ce qui est, non seulement l'inverse, mais juste le contraire ; et ce qui est une poétique beaucoup meilleure, et, sans que le fond de la faculté poétique ait besoin de changer, sans que le poëte ait besoin de se renoncer lui-même, une *méthode* beaucoup plus féconde.

Et comment, matériellement travaillait-il ? Il nous l'a dit aussi lui-même. Il faisait tout à la fois. Plein de projets, il quittait l'un pour l'autre au hasard de l'inspiration, quand il se sentait triste reprenant une élégie commencée quelques semaines auparavant ; quand il se sentait amoureux revenant à un « art d'aimer » ébauché ; quand il était en goût de science et de philosophie jetant quelques vers au travers du plan tracé depuis longtemps de son *Hermès.* Aussi quand nous parlerons ici de première manière et de seconde manière de Chénier, ne faudra-t-il jamais prendre ces mots à la lettre. Il a eu toutes ses manières à la fois ; seulement, de telle date à telle autre, il travaillait plus fréquemment et plus complaisamment dans l'une d'elles et de telle date à telle autre plus souvent et plus diligemment en une autre.

Cette habitude de passer en quelque sorte d'un appartement à un autre appartement de son esprit était si bien la sienne qu'il l'a définie et décrite, à notre connaissance, deux fois, une fois en vers, une fois en prose. Il y a confirmation et contrôle. A son ami De Pange il écrivait : « Tu sais combien mes muses sont vagabondes. Elles ne peuvent achever promptement un seul projet ; elles en font marcher cent à la fois. Elles font un pied à ce poème et une épaule à celui-là. Ils boitent tous et ils seront sur pieds tous ensemble. Elles les couvent tous à la fois ; ils sortiront de leur coque tous à la fois. Souvent tu me crois occupé à faire des découvertes en Amérique et tu me vois arriver avec une flûte pastorale sur les lèvres. Tu attends un morceau d'*Hermès* et c'est quelque folle élégie…. L'argile que j'avais amollie et humectée pour en faire un pot à l'eau, sous mon doigt capricieux devient une tasse ou une théière. Irai-je me contraindre ? Non. *D'autant que mon esprit n'abandonne jamais ses premiers sujets et que par un plus grand circuit il y revient toujours* ».

Et il écrit à Lebrun presque, ici et là, dans les mêmes termes :

Mes regards vont errant sur mille et mille objets :
Sans renoncer aux vieux, plein de nouveaux projets,
Je les tiens ; dans mon camp partout je les rassemble,
Les enrôle, les suis, les pousse tous ensemble.
S'égarant à son gré, mon ciseau vagabond
Achève à ce poëme ou les yeux ou le front,
Creuse à l'autre les flancs, puis l'abandonne et vole
Travailler à cet autre ou la jambe ou l'épaule.
Tous, boiteux, suspendus, traînent ; mais je les vois
Tous bientôt sur leurs pieds se tenir à la fois.
Ensemble lentement, tous couvés sous mes ailes,
Tous ensemble quittant leurs coques maternelles
Sauront d'un beau plumage ensemble se couvrir.

. . . .

« Eh bien, nous lirez-vous quelque chose aujourd'hui ?

. . . .

— Je n'ai jamais sur moi rien qu'on puisse vous lire.
— Bon ! Bon ! Et cet Hermès dont vous ne parlez pas !
Que devient-il ? — Il marche, il avance à grands pas.
— Oh ! je m'en fie à vous — Hélas ! trop, je vous jure.
— Combien de chants de faits ? — Pas un je vous assure.
— Comment ? — Vous avez vu sous la main d'un fondeur
Ensemble se former, diverses en grandeur,
Trente cloches d'airain, rivales du tonnerre ?
Il achève leur moule enseveli sous terre,
Puis par un long canal en rameaux divisé,
Y fait couler les flots de l'airain embrasé,
Si bien qu'en même temps cloches, petite et grande,
Sont prêtes. . . . .
Moi, je suis ce fondeur : de mes écrits en foule
Je prépare longtemps et la forme et le moule,
Puis sur tous à la fois je fais couler l'airain.
Rien n'est fait aujourd'hui ; tout sera fait demain.

Habitude excellente ; parce qu'elle permet au poëte

de profiter jour à jour de son inspiration, de sa sensation du moment et de ne se jamais contraindre et de tout utiliser et de ne rien perdre et de se traiter soi-même comme plusieurs instruments de musique qui sont plus ou moins disposés à vibrer bien selon l'état de l'atmosphère. — Habitude dangereuse, parce qu'elle suppose qu'on peut compter sur le temps et qu'on ne mourra pas à trente-deux ans laissant des moules à demi remplis.

CHAPITRE III

VOYAGES — PREMIÈRE MANIÈRE
1783-1785

En 1783, André Chénier se décida pour raisons
de santé, et encore plus pour voir des pays dont il
rêvait sans cesse, à faire un voyage qui devait le
mener en Suisse, en Italie et en Grèce. De ce voyage,
dont nous devons dire tout de suite qu'il fut abrégé,
Chénier nous a laissé, fragment par fragment, toute
une relation. Encore à Paris, mais projetant son
voyage, il se croit mourant et se recommande à ses
amis :

> Aujourd'hui qu'au tombeau je suis prêt à descendre,
> Mes amis dans vos mains je dépose ma cendre.
>
> . . . .
>
> Je meurs. Avant le soir j'ai fini ma journée,
> A peine ouverte au jour ma rose s'est fanée ;
> La vie eut bien pour moi de volages douceurs ;
> Je les goûtais à peine et voilà que je meurs.
> Mais, oh ! que mollement reposera ma cendre
> Si parfois un penchant impérieux et tendre.

Vous guidant vers la tombe où je suis endormi
Vos yeux en approchant peuvent voir leur ami.
. . . .

Il s'encourage et s'entraîne, en vers qui semblent
du Marc-Aurèle traduit par de Vigny, à la résignation et à la sérénité stoïcienne :

Souffre un moment encor. Tout n'est que changement.
L'axe tourne, mon cœur : souffre encore un moment.
La vie est-elle toute aux ennuis condamnée ?
L'hiver ne glace pas tous les mois de l'année.
L'Eurus retient souvent ses bonds impétueux ;
Le fleuve, emprisonné dans des rocs tortueux,
Lutte, s'échappe et va, par des pentes fleuries,
S'étendre mollement sur l'herbe des prairies.
C'est ainsi que, d'écueils et de vagues pressé,
Pour mieux goûter le calme il faut avoir passé
Des pénibles détroits d'une vie orageuse
Dans une vie enfin plus douce et plus heureuse.

Il espère que l'Italie le guérira. Il ne désire, pour
le moment, qu'y terminer ses jours dans la paix et
dans la contemplation des beaux spectacles. Il ne
demande pas autre chose à cette déesse que tous
importunent de leurs vœux, à la Fortune :

Brillante Déité, tes riches favoris
Te fatiguent sans cesse et de vœux et de cris.
Peu satisfait le pauvre, ô belle souveraine,
Peu, seulement assez pour que, libre de chaîne,
Sur les bords, où malgré ses rides, ses revers,
Belle encor, l'Italie attire l'univers,

Je puisse, au sein des arts, vivre et mourir tranquille !
C'est là que mes désirs m'ont promis un asile ;
C'est là qu'un plus beau ciel peut-être dans mes flancs
Éteindra les douleurs et les sables brûlants.
Là, j'irai t'oublier, rire de ton absence :
Là dans un air plus pur respirer en silence
— Et nonchalant du terme où finiront mes jours —
La santé, le repos, les arts et les amours.

Puis le voilà à la veille de son départ. Il adresse ses adieux aux frères de Pange, qui restent. Il caresse d'un regard ami les frères Trudaine qui l'accompagnent.

Ce couple fraternel, ces âmes que j'embrasse
D'un lien qui, du temps craignant peu la menace,
Se perd dans notre enfance, unit nos premiers jours,
Sont mes guides encore ; ils le furent toujours.

Reviendra-t-il ? Il ne le sait. Qu'il revienne ou qu'un rivage lointain garde sa cendre, que ses amis aient les mêmes sentiments pour lui :

Vivez heureux ; gardez ma mémoire aussi chère,
Soit que je vive encor, soit qu'en vain je l'espère.
Si je vis, le soleil aura passé deux fois
Dans les douze palais où résident les mois.
D'une double moisson la grange sera pleine,
Avant que dans vos bras la voile me ramène.

Il rêve de la Suisse (qu'il devait traverser seulement, mais où il comptait sans doute faire, au revenir, un plus long séjour), et tout le rêve idyllique d'un lettré déjà fervent de Théocrite s'éveille et chante dans son âme :

> Oh! que ne suis-je enfant de ce lac enchanté
> Où trois pâtres héros ont à la liberté
> Rendu tous leurs neveux et l'Helvétie entière!
> . . . .
> Là je verrais, assis dans ma grotte profonde,
> La génisse traînant sa mamelle féconde
> Prodiguant à ses fils ce trésor indulgent,
> A pas lents agiter sa cloche au son d'argent.
> . . . .
> Le soir, lorsque plus loin s'étend l'ombre des monts,
> Ma conque rappelant les troupeaux vagabonds
> Leur chanterait cet air si doux à ces campagnes,
> Cet air que d'Appenzel répètent les montagnes.
> . . . .
> Une rustique épouse; et soigneuse et zélée,
> Blanche, car sous l'ombrage au creux de la vallée
> Les fureurs du soleil n'osent les outrager,
> M'offrirait le doux miel, les fruits de mon verger,
> Et cependant sa voix, simple, et douce, et légère
> Me chanterait les airs que lui chantait sa mère.

Mais l'Italie surtout l'appelle, et la Grèce, et, dans une pièce inachevée, mêlée de prose et de vers, comparable du reste, par le ton, à la lettre qu'écrivait à Tronson (?) Fénelon rêvant d'apostolat aux pays d'Athènes et de Smyrne, Chénier s'écrie : « Je suis en Italie, en Grèce. O terres, mères des arts favorables aux vertus! O beaux arts! De ceux qui vous aiment délicieux tourments!...

La sainte poésie et m'échauffe et m'entraine,
Et ma pensée, ardente à quelque grand dessein,
En vers tumultueux bouillonne dans mon sein.

. . . .

« Je parcours le Forum, le Sénat ; j'y suis entouré d'ombres sublimes. J'entends la voix de Gracchus,... Cincinnatus, Caton, Brutus.... Je vois les palais qu'ont habités Germanicus et sa femme, Thraseas, Soranus, Sénécion. En Grèce, tous les peuples différents, chacun avec son front, son visage, sa physionomie, passent en revue devant mes yeux (comme l'énumération d'Homère). Périssent ceux qui traitent de préjugés l'admiration pour tous ces modèles antiques et qui ne veulent point savoir que les grandes vertus constantes et solides ne sont qu'aux lieux où vit la Liberté. *Hos utinam inter heroas tellus me prima tulisset !* »

Mais le voici réellement à Rome. D'autres soucis que ceux de l'art, de l'archéologie ou de l'histoire romaine viennent l'assiéger. Il y résiste ou voudrait y résister. Pourquoi le poëte est-il encore si jeune et les italiennes si séduisantes ?

O délices d'amour ! Et toi molle paresse,
Vous aurez donc usé mon oisive jeunesse ?
Les belles sont partout. Pour chercher les beaux arts,
Des Alpes vainement j'ai franchi les remparts ;
Rome d'amours en foule assiége mon asile.
Sage vieillesse, accours ! O déesse tranquille,

De ma jeune saison éteins ces feux brûlants
Sage vieillesse! Heureux qui, dès ses premiers ans,
A senti de son sang dans ses veines stagnantes
Couler d'un pas égal les ondes languissantes!

Il faudrait pourtant aller en Grèce. Il faudrait
rompre la chaîne qui l'attache à Rome. Il faudrait à
la fois envahir l'Hellade et reconquérir la liberté
perdue. Le poète a un regard pour le bateau qui
l'attend et pour les lieux où un doux souvenir le rappelle et le retient :

Partons! la voile est prête et Bysance m'appelle!
— Je suis vaincu! Je suis au joug d'une cruelle.
Le temps, les longues mers peuvent seuls m'arracher
Ses traits que, malgré moi, je vais toujours chercher;
Son image partout à mes yeux répandue,
Et les lieux qu'elle habite et ceux où je l'ai vue;
Son nom qui me poursuit, tout offre à tout moment
Au feu qui me consume un funeste aliment,
Ma chère liberté, mon unique héritage,
Trésor qu'on méconnaît tant qu'on en a l'usage,
Si doux à perdre, hélas! et si tôt regretté,
M'attends-tu sur ces bords, ma chère liberté?

Enfin il part. Le rivage romain fuit derrière lui.
Celui de la Grèce apparaît déjà aux yeux de son
imagination. Il le salue avec transport, à la manière
antique, en néo-païen enivré :

Salut dieux de l'Euxin, Hellé, Sestos, Abyde,
Et nymphe du Bosphore et nymphe propontide,

Qui voyez aujourd'hui du barbare Osmalin
Le croissant oppresseur toucher à son déclin ;
Hèbre, Pangée, Hæmus et Rhodope et Riphée ;
Salut Thrace, ma mère et la mère d'Orphée ;

. . . .

Il ne devait jamais la voir. Il ne poussa pas plus
loin que Naples. Trop souffrant pour continuer le
voyage, il revint vers la France, à petites journées
et comme à pas lents, consolé sans doute par l'espoir, qui est le seul consolateur, par l'idée qu'il
reverrait ces pays du soleil et de la lumière que son
cœur et sa pensée habitèrent toujours. Aussi son
chant de retour, son salut à la France retrouvée n'est-
il point triste. Il revoit avec bonheur les lieux qu'il
comptait quitter pour deux ans, comme il l'a dit, et
dont il n'a été éloigné que quelques mois. Il se compare à Ulysse revoyant Ithaque :

Ainsi vainqueur de Troie et des vents et des flots,
D'un navire emprunté pressant les matelots,
Le fils du vieux Laerte arrive en sa patrie,
Baise en pleurant le sol de son île chérie.
Il reconnaît le port couronné de rochers,
Où le vieillard des mers accueille les nochers,
Et que l'olive épaisse entoure de son ombre ;
Il retrouve la source et l'antre humide et sombre,
Où l'abeille murmure, où pour charmer les yeux,
Teints de pourpre et d'azur les tissus précieux
Se forment sous les mains des naïades sacrées ;
Et dans ses premiers vœux ces nymphes adorées

(Que ses yeux n'osaient plus espérer de revoir)
De vivre, de régner lui permettent l'espoir,
Oh ! des fleuves français brillante souveraine,
Salut ! Ma longue course à tes bords me ramène.

. . . .

Et il fait le vœu de reprendre avec zèle et avec joie ses travaux littéraires interrompus.

Quels étaient ces travaux en ces années 1782-1785. Il le dit lui-même avec la précision élégante qui lui est habituelle. Poésies antiques et Elégies amoureuses se partageaient son temps et ses soins :

Quand ma bouche animait la flûte de Sicile,
Et quand l'amour trahi me fit verser des pleurs...
Tout mon cortège antique aux chansons langoureuses
Revole comme moi vers tes rives heureuses...

Cependant on peut conjecturer avec une quasi-certitude que dans les premières années de labeur poétique, sous l'impression de l'*Anthologie* de Brunck, avivée, du reste, d'abord par son projet de voyage en Italie et en Grèce, ensuite par son voyage lui-même, ce qui *domina* dans l'esprit et dans le travail d'André Chénier, ce furent les poésies à l'imitation de l'antique. On croit le voir à ceci surtout que les idylles et poèmes antiques, les *bouk*.... [les bucoliques], comme ils les appelle dans ses notes, sont *achevés* pour la plupart et que les élégies amoureuses, pour la plupart, ne le sont pas. Cela indique que les bucoliques l'occupèrent aux années où il était *moins* dispersé entre vingt projets, et que les élégies vinrent *surtout* un peu plus tard, au temps où, plus encore qu'auparavant, il commençait tout et n'achevait rien. Ainsi, selon toutes les vraisemblances, les poésies antiques sont bien la première manière d'André Chénier, et c'est donc ici le moment de les feuilleter pour compléter la biographie de ses aventures par la biographie de son âme.

Cette première manière est exquise et elle est restée pour tout le monde la caractéristique même du génie d'André Chénier, encore qu'il faille bien se garder de le renfermer tout entier dans ces limites trop étroites. Chénier *réalise* le rêve de tous les poètes humanistes français depuis Ronsard, rêve qu'aucun d'eux n'a réalisé en effet pleinement. Se faire une âme antique, penser, sentir, être ému et *voir* même comme un ancien. Voltaire disait : « Pour ma tragédie grecque, j'ai consulté M. Dacier, qui est du pays ». André Chénier, plus que Ronsard, bien plus que Du Bellay, plus que Racine, est du pays. Il n'y a presque aucune différence à lire du grec et à lire les poèmes antiques d'André Chénier. L'impression est exactement la même. La mer d'Ionie et les vents légers de Sicile chantent dans les vers d'André Chénier comme dans ceux d'Homère, de Callimaque et de Théocrite. Chénier n'est même pas un alexandrin; il ne mêle pas de subtilité à l'inspiration hellénique; il n'a pas d'esprit, il n'a pas de coquetterie, il n'a pas de petites grâces; il n'est pas un alexandrin; il est un homéride; il remonte à la source même et non seulement il y boit, mais il se confond avec elle, et non seulement il s'y mire, mais il y habite et il en est comme la nymphe, en sorte qu'on ne sait plus s'il s'y rafraîchit et s'en abreuve ou si c'est lui qui la fait couler.

Tout d'abord, il *voit* comme les anciens, non pas, comme la plupart des modernes avec un mélange d'idées abstraites qui s'interposent entre l'objet et lui; non pas comme beaucoup de modernes encore, à travers un léger brouillard, très poétique lui aussi, mais qui noie un peu les contours; mais avec la netteté, la précision de la ligne du bas-relief. Car, comme l'a dit son maître Winckelmann, si le « génie des modernes est pittoresque » (quelquefois) « le génie des anciens est sculptural » (toujours).

Il voit ainsi la nature, la figure humaine, les habitations humaines, les actions humaines.

Le printemps renaît; voici comment Chénier le chante, ou plutôt le voit et le peint, en dyptique, par opposition à l'hiver et en caractérisant l'un et l'autre par les trois ou quatre traits essentiels, significatifs et précis :

Tant que du froid hiver règne le sombre empire
Tu sais si l'Aquilon s'unit avec ma lyre.

Ma Muse aux durs glaçons ne livra point ses pas,
Délicate, elle tremble à l'aspect des frimas,
Et près d'un pur foyer, cachée en sa retraite
Entend les vents mugir, et sa voix est muette.
Mais sitôt que Procné ramène les oiseaux,
Dès qu'au riant murmure et des bois et des eaux,
Les champs ont revêtu leur robe d'hyménée,
A ses caprices vains sans crainte abandonnée,
Elle renait; sa voix a retrouvé des sons;
Et comme la cigale, amante des buissons,
De rameaux en rameaux tour à tour reposée,
D'un peu de fleur nourrie et d'un peu de rosée,
S'égaye et, des beaux jours prophète harmonieux,
Aux chants du laboureur mêle son cri joyeux;
Ainsi, courant partout sous les nouveaux ombrages,
Je vais chantant Zéphyr, les nymphes des bocages
Et les fleurs du printemps et leurs vives couleurs
Et les jeunes amours, plus belles que les fleurs.

Veut-il peindre un vieillard contant ses contes au centre d'un auditoire rustique, au milieu d'un paysage élyséen? Voici comment le tableau se compose naturellement sous sa main, avec ses trois plans et ses lignes si distinctes qu'un peintre pourrait l'esquisser à mesure qu'il entendrait réciter les vers. Premier plan :

Il poursuit, et déjà les antiques ombrages
Mollement en cadence inclinaient leurs feuillages.

Il est assis sous un ormeau ou sous un platane qui verse sur lui ses ombres légères et comme lumineuses encore, à l'orée d'un bois.

Et pâtres oubliant leur troupeau délaissé,
Et voyageurs quittant leur chemin commencé
Couraient. Il les entend près de son jeune guide
L'un sur l'autre pressés tendre une oreille avide.

Donc, au premier plan encore pâtres et voyageurs, les uns avec la houlette, les autres avec le bâton de voyage et le fardeau, pressés l'un contre l'autre, épaule contre épaule. — Au troisième plan troupeaux délaissés, dispersés, avec les chiens inquiets; chemins menant vers la ville lointaine.

Et nymphes et sylvains sortaient pour l'admirer
Et l'écoutaient en foule et n'osaient respirer.

Donc, au second plan sylvains et nymphes sortant du bois, le cou tendu, l'oreille et l'œil attentifs, le pied suspendu, le doigt sur la bouche ou souriant à lèvres entr'ouvertes.

Autre tableau : le même vieillard n'ayant encore autour de lui que trois jeunes bergers.

« Prends et puisse bientôt changer ta destinée! »
Disent-ils. Et tirant ce que, pour leur journée,
Tient la peau d'une chèvre aux crins noirs et luisants,
Ils versent à l'envi sur ses genoux pesants.
Le pain de pur froment, les olives huileuses
Et du pain à son chien entre ses pieds gisant.

. . . .

« Je vous salue, enfants venus de Jupiter;
Heureux sont les parents qui tels vous firent naître!
Mais venez, que mes mains cherchent à vous connaître.

Je crois avoir des yeux. Vous êtes beaux tous trois.
Vos visages sont doux; car douce est votre voix.

. . . .

Le plus âgé de vous aura vu treize années.
A peine, mes enfants, vos mères étaient nées
Que j'étais déjà vieux. Assieds-toi près de moi,
Toi, le plus grand de tous. Je me confie à toi.
Prends soin du vieil aveugle. — O sage magnanime,
Comment et d'où viens-tu? Car l'onde maritime
Mugit de toutes parts sur nos bords orageux.

Le vieillard au centre; son chien, mouillé du naufrage, couché entre ses pieds; sur les genoux du vieillard le repas rustique que viennent de lui donner les enfants; groupés autour de lui les trois enfants, l'un déjà presque grand, avec un air de gravité et d'autorité enfantine, les deux autres de huit à dix ans, étonnés, un peu intimidés par ce grand vieillard, qui peut être un Dieu. — Dans le fond, des troupeaux, des labours, des bois, des rochers; — tout au fond la mer entrevue, qu'on sent qui est le cadre idéal de tout le tableau, et qui l'élargit au lieu de le circonscrire. Évidemment ce poëte a les yeux d'un peintre ou d'un sculpteur d'Égine.

Il est peintre de la figure humaine, ce qui est tout nouveau en France, exactement de la même façon et avec le même bonheur. Une jeune fille :

Je sais qu'on n'avait point d'attraits plus désirés
Qu'un visage arrondi, de longs cheveux dorés,
Dans une bouche étroite un double rang d'ivoire.
Et sur de grands yeux bleus une paupière noire.

Un joueur de flûte. Rappelez-vous : « Un pâtre sur sa flûte abaissant sa paupière », de Victor Hugo. Le trait manque au tableau de Chénier. Il sied de l'y ajouter. Le tableau de Chénier n'en est pas moins ravissant de précision élégante :

> Toujours ce souvenir m'attendrit et me touche,
> Quand lui-même, appliquant ma flûte sur ma bouche...
> Il façonnait ma lèvre inhabile et peu sûre
> A souffler une haleine harmonieuse et pure,
> Et ses savantes mains prenaient mes jeunes doigts,
> Les levaient, les baissaient, recommençaient vingt fois,
> Leur enseignant ainsi, quoique faibles encore
> A fermer tour à tour les trous du bois sonore.

Les habitations humaines sont peintes par Chénier, nécessairement avec plus d'abondance de détails et déjà avec un peu de cette indiscrétion archéologique qui sera quelquefois fâcheuse chez les poètes du xixe siècle, mais encore sans confusion, avec une netteté classique, tout à fait dans la manière, sinon d'Homère, extrêmement sobre en cette affaire, du moins de Virgile :

> Mais cependant la nuit assemble les convives,
> En habit somptueux, d'essences parfumés,
> Ils entrent. Aux lambris d'ivoire et d'or formés,
> Pend le lin d'Ionie en brillantes courtines ;
> Le toit s'égaie et rit de mille odeurs divines.
> La table au loin circule et d'apprêts savoureux
> Se charge. L'encens vole en longs flots vaporeux ;

Sur leurs bases d'argent des formes animées
Élèvent dans leurs mains des torches enflammées.
Les figures, l'onyx, le cristal, les métaux,
En vases hérissés d'hommes et d'animaux,
Partout, sur les buffets, sur la table étincellent,
Plus d'une lyre est prête et partout s'amoncellent
Et les rameaux de myrte et les bouquets de fleurs.

Et enfin les actions humaines, avec leur force; avec leur grâce, c'est-à-dire, comme Diderot a dit, « cette rigoureuse et précise conformité de l'attitude du corps à la nature de l'action »; avec leur mouvement; avec ce relief qui fait en quelque sorte jaillir le corps humain, à nos yeux, de l'atmosphère qui l'environne et du cortège d'objets inertes qui l'entourent; ç'a été le triomphe même des anciens que de les peindre, que de les sculpter en vers énergiques et sobres, et ç'a été aussi le triomphe de notre moderne antique. On peut comparer le récit diffus de Ronsard (*Poèmes*, livre I, *Hylas*) à ce triptyque si sévère de composition, si gracieux de facture, où Chénier nous peint l'aventure du page d'Hercule. D'abord les nymphes voyant au loin, de leurs roseaux, venir à elles l'adolescent :

Elles ont vu ce front de jeunesse éclatant,
Cette bouche, ces yeux. Et leur onde à l'instant,
Plus limpide, plus belle, un plus léger zéphyre,
Un murmure plus doux l'avertit et l'attire.
Il accourt.

Puis Hylas, malgré l'appel des nymphes, s'attardant
à cueillir des fleurs :

> Devant lui l'herbe jette des fleurs ;
> Sa main errante suit l'éclat de leurs couleurs ;
> Elle oublie, à les voir, l'emploi qui la demande
> Et s'égare à cueillir une belle guirlande.

Et enfin Hylas à la source :

> Mais l'onde encor soupire et sait le rappeler,
> Sur l'immobile arène il l'admire couler,
> Se courbe et s'appuyant à la rive penchante
> Dans le cristal sonnant plonge l'urne pesante.
> De leurs roseaux touffus les trois nymphes soudain
> Volent, fendent les eaux, l'entraînent par la main
> En un lit de joncs frais et de mousses nouvelles.

Il semble quelquefois (et je suis sûr que c'est la
vérité) qu'André Chénier veuille réagir contre la
prolixité, relative encore, des descripteurs français,
et rivaliser avec la concision grecque et même
surpasser celle-ci, et faire tenir, sans effort et en
restant grand et en produisant une grande impression, la matière d'un long poème dans le cadre étroit
d'un *eidullion*. La mort d'Hercule en un sonnet. La
gageure est belle pourvu qu'on la gagne. Ce n'est
pas un sonnet ; mais c'est quatorze vers. La gageure
est magnifiquement gagnée :

> Œta, mont embelli par cette nuit ardente
> Quand l'infidèle époux d'une épouse imprudente
> Reçut de son amour un présent trop jaloux,
> Victime du centaure immolé par ses coups.

Il brise tes forêts : ta cime épaisse et sombre
En un bûcher immense amoncelle sans nombre
Les sapins résineux que son bras a ployés.
Il y porte la flamme; il monte, sous ses pieds

Étend du vieux lion la dépouille héroïque,
Et l'œil au ciel, la main sur sa massue antique
Attend sa récompense et l'heure d'être un Dieu.

Le vent souffle et mugit. Le bûcher tout en feu
Brille autour du héros et la flamme rapide
Porte aux palais divins l'âme du grand Alcide [1].

Il a, pour lutter de précision énergique, non seulement avec les vers, mais avec les bas-reliefs antiques, dans la représentation des actions humaines, des gageures encore plus hardies et qu'il gagne encore. Il s'agit de peindre ceci : un centaure (songez bien qu'il s'agit d'un animal-homme qui a un corps de cheval, un buste et une tête d'homme, quatre pieds, deux bras; il faut songer à tout cela), un centaure, de ses deux pieds de devant, cherche à assommer un homme, de son bras droit qui tient une massue cherche à broyer la tête d'un autre. Un troisième homme saute sur les reins du centaure et de là, en lui tirant la tête en arrière d'une main, lui enfonce de l'autre un brandon dans la bouche. Il

1. Encore une fois, ce n'est pas un sonnet; mais je l'ai disposé, typographiquement, en quatrains et tercets, pour montrer qu'André Chénier, involontairement, l'avait conçu en sonnet, avec les repos et les sections qui dans un sonnet seraient à leur place et produiraient les effets que le sonnet cherche à produire.

s'agit de mettre cela en vers clairs, précis, énergiques, pitorresques, et en peu de vers. Chénier réussira à le mettre en douze fois douze syllabes; et ce sera net comme dans une sculpture. Le centaure, c'est Eurynome :

> Mais d'un double combat Eurynome est avide,
> Car ses pieds, agités en un cercle rapide
> Battent à coups pressés l'armure de Nestor;
> Le quadrupède Hélops fuit; l'agile Crantor,
> Le bras levé, l'atteint; Eurynome l'arrête.
> D'un érable noueux il va fendre sa tête,
> Lorsque le fils d'Égée, invincible, sanglant,
> L'aperçoit; à l'autel, prend un chêne brûlant,
> Sur sa croupe indomptée avec un cri terrible
> S'élance, va saisir sa chevelure horrible,
> L'entraîne, et quand sa bouche, ouverte avec effort,
> Crie, il y plonge ensemble et la flamme et la mort.

Mais si Chénier a eu des yeux et des mains et un ébauchoir d'artiste grec, il a eu bien plus encore un cœur, une âme de poète grec, et c'est le sentiment antique qu'il nous rend encore avec plus de bonheur dans toute sa pureté. Ce sentiment est sobre et fin. On définit bien, ou au moins clairement, par les contraires. Disons alors que tout ce qui n'est pas déclamatoire est grec. Ils aiment, d'un mot bien choisi, court et juste et qui retentit longuement aux échos du cœur, comme « trois petites notes de Mozart », suggérer un infini de tristesse, de mélancolie, de rêverie souriante ou de volupté. Ils s'arrêtent au moment précis où l'esprit paresseux demanderait qu'ils continuassent, où l'âme fine et sensible continue d'elle-même et désire continuer d'elle-même. Ils savaient à qui ils s'adressaient. Une femme à son mari partant pour le combat : « J'ai perdu mon père, ma mère, mes frères, et voilà, tu es pour moi, mon père, ma mère, mes frères et mon amant tendre comme une fleur ». Sur le tombeau d'une jeune fille : « O terre, sois-lui légère. Elle a si peu pesé sur toi ». Chénier, après La Fontaine, est le maître, chez nous, de ce « sans peser, sans rester », ou plutôt ses traits qui ne pèsent jamais ont le don de rester éternellement. Personne n'a saisi comme lui la grâce particulière de l'*épigramma* ou de l'*eidullion* antique, c'est-à-dire du poème court, complet et profond, du poème que Ronsard, Lamartine et Victor Hugo prendraient pour le sommaire d'un poème à écrire, et que le poète grec, La Fontaine et Chénier savent traiter de telle sorte que personne ne voudrait qu'une ligne y fût ajoutée ; et qui chez eux donne la sensation de la perfection et de la plénitude sans jamais sentir l'impuissance ni même avoir un air de maigreur.

Je ferai remarquer que La Fontaine lui-même, incomparable, même à Chénier, quand il est bon, est souvent diffus, dans ses poèmes, dans ses contes, dans quelques fables, à la vérité très rares ; que Chénier ne l'est presque jamais, ne l'est jamais dans le poème antique, comme si, en touchant cette terre qui lui fut sacrée, la vigoureuse et gracieuse sobriété de cette race eût passé en lui absolument, en toute sa pureté originale. Voici qui pourrait être intitulé « un rêve ». Mais c'est le rêve d'un hellène sous le ciel clair d'une nuit d'Attique. Il est précis et limité même dans ce qu'il a d'inachevé et de flottant. C'est une « réussite » merveilleuse à cet égard.

> Pourquoi belle Chrysé, t'abandonnant aux voiles,
> T'éloigner de nos bords sur la foi des étoiles ?
> Dieux ! Je t'ai vue en songe, et de terreur glacé,
> J'ai vu sur des écueils ton vaisseau fracassé,
> Ton corps flottant sur l'onde et des bras avec peine
> Cherchant à repousser la vague ionienne.
> Les filles de Nérée ont volé près de toi.
> Leur sein fut moins troublé de douleur et d'effroi
> Quand du bélier doré qui traversait leurs ondes,
> La jeune Hellé tomba dans leurs grottes profondes.
> Oh ! que j'ai craint de voir à cette mer un jour,
> Tiphys, donner ton nom et plaindre mon amour !
> Que j'adressai de vœux aux Dieux de l'onde amère !
> Que de vœux à Neptune, à Castor, à son frère !
> Glaucus ne te vit point ; car sans doute avec lui,
> Déesse, au sein des mers tu vivrais aujourd'hui.
> Déjà tu n'élevais que des mains défaillantes,
> Quand pour te secourir j'ai vu fendre les flots
> Au dauphin qui sauva le chanteur de Lesbos.

Et ceci est une manière de diptyque où sont opposés sans symétrie pédantesque, mais avec un art d'autant plus pénétrant qu'il est plus discret et

avec une sûreté et une légèreté de main qui ravissent,
la fête d'hymen qui attendait une jeune fille et sa
mort cruelle dans le bleu linceul des vagues.

Elle a vécu, Myrto, la jeune Tarentine !
Un vaisseau la portait aux bords de Camarine.
Là l'hymen, les chansons, les flûtes lentement
Devaient la reconduire au seuil de son amant.
Une clef vigilante a, pour cette journée,
Sous le cèdre enfermé sa robe d'hyménée,
Et l'or dont au festin ses bras seront parés,
Et pour ses blonds cheveux les parfums préparés.
Mais, seule sur la proue invoquant les étoiles,
Le vent impétueux qui soufflait dans ses voiles
L'enveloppe : étonnée et loin des matelots,
Elle tombe, elle crie, elle est au sein des flots.

Elle est au sein des flots, la jeune Tarentine !
Son beau corps a roulé sous la vague marine.
Thétis, les yeux en pleurs, dans le creux d'un rocher,
Aux monstres dévorants eut soin de le cacher.
Par son ordre, bientôt, les belles Néréides
S'élèvent au-dessus des demeures humides,
Le poussent au rivage et dans ce monument
L'ont au Cap du Zéphyr déposé mollement ;
Et de loin, à grands cris appelant leurs compagnes
Et les nymphes des bois, des sources, des montagnes,
Toutes frappant leur sein et traînant un long deuil
Répéteront, hélas, autour de son cercueil :
« Hélas ! chez ton amant tu n'es point ramenée,
Tu n'as point revêtu ta robe d'hyménée,
L'or autour de tes bras n'a point serré de nœuds
Et le bandeau d'hymen n'orna point tes cheveux. »

Et c'est une chose exquise que le contraste de ce
jour de bonheur qui ne fut point, et de ce jour de

deuil qui ne fut que trop réel, contraste qui trouve comme sa forme précise et parlant aux yeux dans *les deux cortèges*, celui du premier tableau, chansons et flûtes conduisant la fiancée à la maison nuptiale, celui du second tableau, nymphes frappant leur sein et traînant un long deuil derrière un cadavre. Le pittoresque discret, la composition savante et cachée et l'eurythmie ne sauraient aller plus loin. L'art grec est ici atteint, s'il n'est dépassé.

Telle fut la première manière d'André Chénier, que, du reste, il n'abandonna jamais; car c'est la marque même de son évolution qu'en adoptant une seconde manière, il l'ajoutait seulement à la première, donnant seulement moins de son temps à celle-ci, mais élargissant son cercle plutôt que passant d'un point à un autre. Mais enfin telle fut la manière où Chénier se consacra surtout dans la première partie de sa carrière trop courte. — Disons tout de suite qu'il n'en eut jamais de meilleure, que là sont ses vrais chefs-d'œuvre et que c'est sous l'aspect de poète grec en terre de France qu'il doit rester devant les yeux de la postérité. Suivons-le cependant à travers les incidents de sa vie et les modifications successives de son génie.

CHAPITRE IV

VIE A PARIS — SECONDE MANIÈRE

De 1785 à 1788

Chénier était rentré à Paris vers la fin de 1784. Il
passa en cette ville, sans, paraît-il, s'en être éloigné,
les années 1785, 1786 et 1787 jusqu'au commencement de décembre. Sa santé, qui était très mauvaise
à son retour d'Italie, paraît s'être pleinement rétablie
et l'on voit qu'il a mené pendant ces trois années une
vie brillante, active, gaie et laborieuse à la fois qui
était celle pour laquelle il était fait. Il vivait le plus
souvent avec sa mère, qui n'avait bougé de Paris
depuis 1767, et son père qui, retraité, y était revenu
depuis 1782. Il fréquentait les salons, particulièrement celui de la comtesse Alfieri, qu'on nommait
encore la comtesse d'Albany, parce que, femme de
Charles-Édouard, le dernier des Stuarts, qui se faisait appeler comte d'Albany, elle avait été longtemps
connue sous ce nom avant d'épouser en second
mariage le grand poète italien Alfieri. Il vivait en

intimité, toujours, avec les frères Trudaine et les frères de Pange, et avec Lebrun et le peintre David qu'il rencontrait partout et qu'il n'avait pas besoin de chercher puisqu'ils étaient assidus au salon de sa mère.

Il ne laissait pas de se mêler, avec ses jeunes amis, à des réunions d'un caractère plus libre, et l'on ne gagnerait rien à cacher ce côté de sa vie, puisqu'il ne l'a point dissimulé lui-même. Les noms de Camille, Caroline, Glycère, Amélie, Rose, Julie, correspondent très évidemment à d'agréables réalités et il est à remarquer que, quoique poète hellénisant, il a donné ou laissé à toutes des noms très français, très parisiens, comme pour marquer leur authenticité. « Glycère » même est un nom très usité à cette époque dans un certain monde. Nul doute que Caroline, Amélie, Rose et surtout Camille n'aient existé et qu'André n'ait connu leur existence. A travers ces divertissements, dont un au moins semble avoir été une passion assez profonde, on croit distinguer aussi une amitié féminine d'un caractère plus élevé, celle qui unit André à Mme de Bonneuil. Il la voyait à Paris et aussi dans les environs de Fontainebleau où elle possédait une maison des champs.

Rien ne distingue, comme fond, André Chénier mondain et amoureux des autres amoureux et des autres mondains. Il aimait les dîners, les soupers, les voitures, Longchamps auquel il a consacré une périphrase :

..... En ce bois voisin où trois fêtes brillantes
Font voler au printemps nos nymphes triomphantes,

toute la vie dissipée et voluptueuse de ce temps, dont Talleyrand a dit que qui n'avait pas vécu à Paris de 1780 à 1789 n'avait pas connu la douceur de vivre. Amoureux, il était ardent, il était trompé, il était au désespoir et il pardonnait, ou il jouait l'éternelle scène d'Alceste avec Célimène et il revenait en frémissant sous le joug.

Ce qui distingue en ceci André Chénier de tous les autres, c'est d'abord son génie poétique et ensuite c'est que de ses habitudes de poète antique il lui est resté une manière de gravité dans les choses d'amour ou même de galanterie, qui fait qu'il rompt absolument avec l'élégant et spirituel badinage du XVIIIᵉ siècle. Il a à la fois le tempérament romanesque et l'ardeur un peu âpre et un peu sombre des anciens en choses d'amour. Il est romanesque; il a lu Jean-Jacques Rousseau et Richardson ; il poursuit souvent dans ses rêveries :

Ces fantômes si beaux, de nos cœurs tant aimés
Dont la troupe immortelle habite sa mémoire :
Julie, amante faible et trompée avec gloire ;
Clarisse, beauté sainte où respire le ciel....

Clémentine adorée, âme céleste et pure
Qui, parmi les rigueurs d'une injuste maison,
Ne perd point l'innocence en perdant la raison.

Et en même temps, un peu oriental de race et élève des Grecs et des Latins, il apporte dans les choses de l'amour une passion fougueuse et véhémente que les Français ont rarement connue et encore plus rarement exprimée. Rien de plus éloigné des Boufflers, des Bernis et des Dorat que les *Élégies* de Chénier. A peine quelques périphrases trop élégantes ou trop spirituelles rappellent la date. Tout le reste est du temps de Sapho ou plutôt du temps de Catulle.

Et c'est bien ici la vraie différence entre les poèmes antiques et les *Élégies*. C'est bien ce qui m'a porté à ranger les *Élégies* dans une « seconde manière ». Elles n'ont plus autant la sobriété, la finesse, la ligne précise, l'arrêt net des poèmes antiques. Sans diffusion, elles sont abandonnées et, sans déclamation, elles sont oratoires. Elles sentent plus le romain que le grec et Suburre que le Pantélique. Et encore elles sentent un peu le parisien ; non pas sans doute, et je l'ai dit, le parisien musqué et ambré qui reçut et mérita un sourire de la Pompadour, mais le parisien pourtant des petits salons, des entresols et des soupers de Grimod de la Reynière. Tout cela fait un genre un peu hybride, très séduisant encore, mais qui dépayse, comme aussi bien André parisien était encore un peu dépaysé. Son ami Barthélemy devait, en l'étudiant, rêver un peu d'un voyage du jeune Menexène à Lutèce.

Et après tout, cela revient à dire que les *Élégies* sont d'un genre *complexe* et aussi d'un genre *unique*. Elles vont d'une ardeur lascive qui rappelle Catulle à une mélancolie profonde et tendre qui à la fois rappelle La Fontaine et annonce Lamartine ; et dans l'entre-deux toutes les éternelles folies du cœur qui se lamente, qui s'irrite, qui se désespère, qui se ressaisit, qui s'abandonne et qui se moque de lui-même. On pourrait ranger les *Élégies* dans un ordre tel que les premières fussent les *Nuits* d'André Chénier et les dernières ses *Feuilles d'automne*. Sans nous assujettir servilement à cette suite, feuilletons-les dans un demi-hasard. Voici le poète qui, tout simplement en prose, a reçu une invitation à souper.

> Et c'est Glycère, amis, chez qui la table est prête
> Et la belle Amélie est aussi de la fête?
> Et Rose qui jamais ne lasse les désirs,
> Et dont la danse noble aiguillonne aux plaisirs?
> . . . .
> Certe en pareille fête autrefois je l'ai vue,
> Les longs cheveux épars, courante, demi-nue :
> En ses bruyantes nuits Cithéron n'a jamais
> Vu Ménade plus belle errer dans ses forêts.
> J'y consens. Avec vous je suis prêt à me rendre,
> Allons ! mais si Camille, ô Dieux ! vient à l'apprendre,
> Quel orage suivra ce banquet tant vanté....

Mais qu'importe? Le poète aime mieux Camille irritée qu'indolente; car « la crainte inquiète est mère de l'amour. » Il ira donc, encore qu'il hésite. Qui le décidera?

> Mais quels éclats, amis, c'est la voix de Julie.
> Allons! Oh! quelle nuit! Joie, ivresse, folie....

Et la pièce se termine par une sorte d'*Evohé* d'une puissance et d'un élan que les anciens mêmes ont rarement atteints.

Plus calme, le poète savoure le ressouvenir de l'amour, plus doux que l'amour même; et chante son Dieu avec une sorte de reconnaissance attendrie et encore tumultueuse :

> S'ils n'ont pas le bonheur en est-il sur la terre?
> Quel mortel inhabile à la félicité
> Regrettera jamais sa triste liberté
> Si jamais des amants il a connu les chaînes?
> Leur plaisirs sont bien doux et douces sont leurs peines;
> S'ils n'ont point ces trésors que l'on nomme les biens,
> Ils ont les soins touchants, les secrets entretiens
> Des regards, des soupirs la voix tendre et divine,
> Et des mots caressants la mollesse enfantine.
>
> .   .   .   .
>
> Ah! que ceux qui, plaignant l'amoureuse souffrance,
> N'ont connu qu'une oisive et morne indifférence
> En bonheur, en plaisir pensent m'avoir vaincu.
> Ils n'ont fait qu'exister, l'amant seul a vécu.

Mais le poète a été trompé, comme il arrive, ou dédaigné, comme il arrive encore. Il n'aura pas, il

aura rarement, du moins, les emportements tragiques
d'un Catulle. Son âme est douce et se replie doulou-
reusement plutôt qu'elle n'éclate. Mais la blessure
est profonde, et la prostration, l'abandonnement de
tout l'être est immense. Ils sont exprimés avec une
force singulière qui, à défaut de tout autre indice,
montrerait combien les élégies de Chénier sont
réelles. On connaît la petite pièce de Victor Hugo
qui tient presque en ces deux vers : « Tu peux,
comme il te plaît, me faire jeune ou vieux..... Joyeux
j'ai vingt-cinq ans, triste j'en ai soixante ». Chénier
en a donné comme le développement à l'avance dans
l'élégie qui commence ainsi : « Souvent le malheureux songe à quitter la vie... ». C'est peut-être la
plus personnelle des pièces d'André Chénier, bien
qu'elle contienne beaucoup de souvenirs antiques;
mais le tout est plongé en quelque sorte dans le courant puissant d'un sentiment qui coule de source
vive :

> Moi, l'espérance amie est bien loin de mon cœur,
> Tout se couvre à mes yeux d'un voile de langueur;
> Des jours amers, des nuits plus amères encore,
> Chaque instant est trempé du fiel qui me dévore.
>
> . . . .
>
> Amis, pardonnez-lui; que jamais vos injures
> N'osent lui reprocher ma mort et ses parjures.
> Ces amis m'étaient chers; ils aimaient ma présence.
> Je ne veux qu'être seul; je les fuis, les offense;
> Ou bien en me voyant, chacun avec effroi
> Balance à me connaître et doute si c'est moi.

Est-ce là cet ami, compagnon de leur joie,
A de jeunes désirs, comme eux, toujours en proie,
Jeune amant des festins, des vers, de la beauté?
Ce front pâle et mourant, d'ennuis inquiété,
Est celui d'un vieillard appesanti par l'âge.

. . . .

Amis, oui, j'ai vécu; ma course est terminée.
Chaque heure m'est un jour, chaque jour une année;
Les amants malheureux vieillissent en un jour.
Ah! n'éprouvez jamais les douleurs de l'amour.
Elles hâtent encor nos fuseaux si rapides;
Et non moins que le temps la tristesse a des rides.

Mais la consolation s'offre. Il en est toujours une
pour le poète. Il en est même deux : la première,
c'est qu'il est « chose légère, ailée », et la seconde,
c'est qu'il est « chose sacrée », c'est-à-dire chérie
des Muses et qu'elles sont toujours ses amies fidèles
et sûres, qui reviennent à lui aux jours de tristesses
et qui ne manquent jamais au rendez-vous de la dou-
leur. Et comme, en la *Nuit de mai*, l'âme désemparée
en sa chambre solitaire, Musset entend une voix qui
s'élève et il s'écrie : « Oh! ma pauvre Muse, est-ce
toi? » exactement de même Chénier :

Ah! Je les reconnais et mon cœur se réveille.
O sons! O douces voix chères à mon oreille!
O mes Muses! c'est vous; vous mon premier amour,
Vous qui m'avez aimé dès que j'ai vu le jour.
Leurs bras, à mon berceau dérobant mon enfance,
Me portaient sous la grotte où Virgile eut naissance.

. . . .

Ingrat! Oh! de l'amour trop coupable folie!
Souvent je les outrage et fuis, et les oublie;
Et sitôt que mon cœur est en proie au chagrin,
Je les vois revenir le front doux et serein.
J'étais seul. Je mourais. Seul, Lycoris absente
De soupçons inquiets m'agite et me tourmente.
Je vois tous ses appas et je vois mes dangers.
Ah! Je la vois livrée à des bras étrangers.
Elles viennent! Leur voix, leur aspect me rassure,
Leur voix mélodieuse adoucit ma blessure;
Je me fuis; je m'oublie, et mes esprits distraits
Se plaisent à les suivre et retrouvent la paix.

Et le reste, qui rappelle au lecteur moderne « Partons; nous sommes seuls; l'univers est à nous... » de la *Nuit de mai*, ne laisse aucun doute que Musset n'ait eu au moins une vague réminiscence de l'*Élégie* de Chénier. Je laisse à mon lecteur le plaisir de pousser plus loin cette comparaison.

La résignation vient enfin sous l'influence de ces douces et divines consolatrices. Le poète sent le calme se glisser peu à peu dans son âme orageuse. Il jouit de cette bonace inquiète encore sans trop s'y fier, comme le matelot entre deux orages. Mais il prend plaisir à la peindre pour s'en mieux pénétrer et comme à plaider pour elle afin qu'elle persiste:

J'ai suivi les conseils d'une triste sagesse.
Je suis donc sage enfin; je n'ai plus de maitresse.
Sois satisfait, mon cœur. Sur un si noble appui
Tu vas dormir en paix dans ton sublime ennui.

> Quel dégoût vient saisir mon âme consternée,
> Seule dans elle-même, hélas! emprisonnée?
> Viens, ô ma lyre, ô toi, mes dernières amours,
> Innocentes du moins; viens, ô ma lyre, accours.
> Chante-moi de ces airs qu'à ta voix jeune et tendre
> Les lyres de la Grèce ont su *jadis* m'apprendre...

Ce qui prouve encore que les poèmes antiques ont bien été la première manière d'André Chénier....

Mais, à défaut de l'amour il faut au moins à André l'amitié.

> Quoi! je suis seul! Oh! Dieux, où sont donc mes amis?...
> Oh! de se confier, noble et douce habitude!
> Non, mon cœur n'est point né pour vivre en solitude,
> Il me faut qui m'estime. Il me faut des amis
> A qui dans mes secrets tout accès soit permis;
> Dont les yeux, dont la main dans la mienne pressée
> Réponde à mon silence et sente ma pensée...

Et l'on ne s'étonnera pas enfin que l'état d'âme le plus ordinaire où ce trouble des passions amène le jeune poète soit une mélancolie lasse et rêveuse, où se mêlent le regret des années qui fuient et la fatigue, voluptueuse encore, des sensations trop fortes et trop répétées, le *Fugaces labuntur anni* d'Horace; le *Hélas pour revenir m'apparaître si belles, que vous ai-je donc fait?* de Victor Hugo, et le *J'ai trop vu, trop senti, trop aimé dans ma vie* de Lamartine.

O jours de mon printemps, jours couronnés de rose,
A votre fuite en vain un long regret s'oppose.
Beaux jours, quoique souvent obscurcis de mes pleurs,
Vous dont j'ai su jouer même au sein des douleurs,
Sur ma tête bientôt vos fleurs seront fanées;
Hélas! Bientôt le flux des rapides amours
Vous aura loin de moi fait voler sans retours.

. . . .

. . . .

Humains, nous ressemblons aux feuilles d'un ombrage
Dont au faîte des cieux le soleil remonté
Rafraîchit dans nos bois les chaleurs de l'été.
Mais l'hiver, accourant d'un vol sombre et rapide
Nous sèche, nous flétrit et son souffle homicide
Secoue et fait voler, dispersés dans les vents,
Tous ces feuillages morts qui font place aux vivants.
La Parque sur nos pas fait courir devant elle
Midi, le soir, la nuit, et la nuit éternelle,
Et par grâce à nos yeux qu'attend le long sommeil
Laisse voir au matin un regard du soleil...
O jeunesse rapide! O songe d'un moment!

Mais cette mélancolie elle-même a encore ses
charmes pour qui sait la comprendre et s'en laisser
doucement envahir et l'aider à pénétrer en lui. Vous
connaissez l'*Isolement* de Lamartine. Il semble, en
vérité, que Chénier le connaisse aussi quand on lit
l'élégie qui commence ainsi : « O Muses, accourez,
solitaires divines ». C'est le même sentiment et c'est
quelquefois les mêmes *tableaux*, les mêmes choses
vues. On ne s'étonne point trop, quand on connaît
Chénier, que certains hommes de 1825 (Béranger

entre autres) aient cru obstinément que les œuvres de Chénier avaient été fabriquées en 1819 par un écrivain très adroit qui connaissait à fond Chateaubriand et qui pouvait avoir eu quelques confidences de M. de Lamartine :

> Douce mélancolie ! Aimable mensongère,
> Des antres, des forêts déesse tutélaire,
> Qui viens d'une insensible et charmante langueur
> Saisir l'ami des champs et pénétrer son cœur,
> Quand, sorti vers le soir des grottes reculées
> Il s'égare à pas lents au penchant des vallées,
> *Et voit des derniers feux le ciel se colorer,*
> Et sur les monts lointains un beau jour expirer.
> Dans sa volupté sage et pensive et muette,
> *Il s'assied, sur son sein laisse tomber sa tête.*
> *Il regarde à ses pieds dans le liquide azur*
> *Du fleuve qui s'étend, comme lui calme et pur,*
> Se peindre les coteaux, les toits et les feuillages
> Et la pourpre en festons couronnant les nuages.
>
> . . . .

Tel est le chemin, de Catulle à Lamartine, de la passion sensuelle à la mélancolie attendrie et savoureuse, de Suburre ou de Baïes à la forêt de Fontainebleau ou à Milly, que Chénier a fait, au milieu d'un frémissement d'élégies qui s'envolaient.

Il l'a fait plusieurs fois, revenant brusquement du point d'arrivée au point de départ et recommençant le voyage dangereux, séduisant et trop aimé. C'est lui qui le dit, au moins, et qui se peint d'ensemble à nous, tel qu'il fut pendant ces années de 1784 à 1788, volant à tous les vents, « cœur de cire », allant en quelques jours du plaisir à l'étude, de la folie à la sagesse, n'ayant jamais le même âge trois jours de suite, disciple hier des sages du Portique, aujourd'hui *in Aristippi furtim præcepta relapsus.*

> Tel j'étais autrefois et tel je suis encor :
> Quand ma main imprudente a tari mon trésor ;
> Quand la nuit, accourant au sortir de la table,
> Si Fanny m'a fermé le seuil inexorable,
> Je regagne mon toit. Là, lecteur studieux,
> Content et sans désir, je rends grâces aux Dieux.
> Je crie : « O soin de l'homme ! Inquiétudes vaines ?
> Oh ! Que de vide, hélas, dans les choses humaines !
> Faut-il ainsi poursuivre, au hasard emportés,
> Et l'argent et l'amour, aveugles Déités ! »
> Mais si Plutus revient de sa source dorée
> Conduire dans mes mains quelque veine égarée ;
> A mes signes, du fond de son appartement,
> Si ma blanche voisine a souri mollement,
> Adieu les grands discours et le volume antique,
> Et le sage Lycée et l'auguste portique !
> Et reviennent en foule et soupirs et billets,
> Soins de plaire, parfums, et fêtes et bouquets,
> Et longs regards d'amour et molles élégies
> Et jusques au matin amoureuses orgies.

On comprend bien que, par sa vie toute parisienne de 1785 à 1787 et par cette seconde manière qu'il a adoptée, Chénier a mis enfin le pied dans son siècle et l'on peut s'attendre qu'il ait reçu, malgré la persistance de son goût antique, quelque contagion de ce goût faux ou de ce goût fade qui était celui du temps où il vivait. N'en doutez pas. Il a même, de ce goût dangereux, reçu deux atteintes, la première qui se rapporte bien au temps où nous sommes arrivés, l'autre que nous aurons à considérer plus tard. Il a connu, très probablement vers 1785, quelque chose de l'afféterie et de la mignardise des poètes secondaires du temps. Il a cru, vers 1790, pour ses poèmes officiels, devoir adopter le genre pompeux de Lebrun-Pindare, qui, quoique son ami, n'avait jusqu'alors exercé sur lui aucune influence. Mais ce qu'il faut dire c'est que cette première indisposition, comme la seconde, du reste, fut très courte. Je ne trouve guère que son projet et ses fragments de l'*Art d'aimer* qui, décidément, ressemblent un peu à du Dorat. En commençant ce poème, qu'il a du reste à peine esquissé, Chénier songeait aux salons, ce qui est, à quelque époque que ce soit, le moyen sûr de se tromper. C'est dans ce poème qu'on trouve des vers comme ceux-ci, qui ne sont pas mauvais, parce qu'il était impossible à Chénier de faire de mauvais vers, mais qui sentent un peu trop le « bouquet à Chloris » :

Fontenay! lieu qu'Amour fit naître avec la rose,
J'irai, sur cet espoir mon âme se repose,
J'irai te voir et Flore et le ciel qui te luit.
Là je contemple enfin — ma déesse m'y suit —

Sur un lit que je cueille en tes riants asiles,
Ses appâts, sa pudeur et ses fuites agiles,
Et dans la rose en feu l'albâtre confondu
Comme un ruisseau de lait sur la pourpre étendu.

C'est là qu'on rencontre avec regret ces vers trop jolis, dont le crime est qu'ils peuvent servir d'une illustre excuse aux poëtes de boudoir, aux rimeurs d'alcôve, aux tisseurs de périphrases et généralement à tous les écrivains qui tiennent le milieu entre le parfumeur et le tailleur pour dames :

Quand Junon sur l'Ida plut au maître du monde,
Xantus l'avait tenue au cristal de son onde,
Et sur sa peau vermeille une savante main
Fit distiller la rose et les flots du jasmin.
Cultivez vos attraits; la plus belle nature
Veut les soins délicats d'une aimable culture.
Mais si l'usage est doux, l'abus est odieux.
Des parfums entassés l'abus fastidieux,
De la triste laideur trop impuissantes armes,
A d'indignes soupçons exposeraient vos charmes.
Que dans vos vêtements le goût seul consulté
N'étale qu'élégance et que simplicité.
L'or ni les diamants n'embellissent les belles...
J'aime un sein qui palpite et soulève une gaze.
L'heureuse volupté, se plaît, dans son extase,
A fouler mollement ces habits radieux
Que déploie au Cathai le ver industrieux.
Le coton mol et souple, en une trame habile,
Sur les bords indiens pour vous prépare et file

Ce tissu transparent, ce réseau de Vulcain,
Qui, perfide et propice à l'amant incertain,
Lui semble un voile d'air, un nuage liquide,
Où Vénus se dérobe et fuit son œil avide.

Je n'ai pas besoin de dire que, même dans ce poème, dont on doit plutôt bénir la perte, il y aurait eu, puisque déjà il y en a, des vers charmants, des vers de peintre et de poète, des vers qui dépassent en grâce voluptueuse les traits les plus exquis de Ronsard. Vous vous rappelez dans le sonnet à Marie le charmant tableau : « Mais le dormir de l'aube, aux filles gracieux, vous tient d'un doux sommeil encore les yeux sillée ». Chénier en a donné comme le développement dans ce fâcheux *Art d'aimer* :

Viens près d'elle au matin quand le Dieu du repos
Verse au mol oreiller de plus légers pavots,
Voir sur sa couche encor du soleil ennemie,
Errer nonchalamment *une main endormie*,
Ses yeux prêts à s'ouvrir et sur son teint vermeil
Se reposer encor les ailes du sommeil.

Il est si vrai que les genres les plus faux ne peuvent pas gâter absolument un grand poète qui les adopte en passant, par influence de la mode ou par caprice, que Chénier, en pratiquant ce genre jusqu'à se plaire à le définir, en entrant dans le « magasin de frivolités », jusqu'à vouloir en peindre l'enseigne, a écrit un petit poème subtilement allégorique, laborieusement périphrastique, qui trouve le moyen d'être un petit chef-d'œuvre. Titre : *Sur la frivolité* :

> Mère du vain caprice et du léger prestige,
> La Fantaisie ailée autour d'elle voltige,
> Nymphe au corps ondoyant, né de lumière et d'air,
> Qui, mieux que l'onde agile ou le rapide éclair,
> Ou la glace inquiète au soleil présentée,
> S'allume en un instant, purpurine, argentée,
> Ou s'enflamme de rose ou pétille d'azur.
> Un vol la précipite, inégal et peu sûr.
> La déesse jamais ne connut d'autre guide.
> Les rêves transparents, troupe vaine et fluide,
> D'un vol étincelant caresse ses lambris.
> Auprès d'elle à toute heure elle occupe les ris.
> L'un pétrit les baisers des bouches embaumées,
> L'autre le jeune éclat des lèvres enflammées ;
> L'autre, inutile et seul, au bout d'un chalumeau
> En globe aérien souffle une goutte d'eau.
> La reine, en cette cour qu'anime la folie,
> Va, vient, chante, se tait, regarde, écoute, oublie,
> Et dans mille cristaux que porte son palais
> Rit de voir mille fois étinceler ses traits.

Et cependant il était peut-être temps que des circonstances nouvelles et un nouveau train de vie détournassent Chénier de certaines habitudes d'existence et de certaines habitudes d'esprit. Il penchait vers l'épicurisme élégant et il glissait vers le maniéré. Il cessait d'être antique et, sans doute, pour devenir personnel, mais en montrant quelques tendances à être bientôt moins personnel dans les sujets modernes que dans les sujets antiques. Il avait besoin d'un peu de malheur et de troubles publics pour devenir plus viril, ou plutôt pour prendre conscience de la puissante virilité qui était en lui. — Un peu de malheur il le trouva dans une manière d'exil où il dut se soumettre de 1788 à 1790. Les troubles publics devaient immédiatement après le jeter dans la mêlée tumultueuse où il grandit tout d'un coup d'une manière inattendue et merveilleuse.

CHAPITRE V

SÉJOUR A LONDRES. — CONCEPTION DE LA
TROISIÈME MANIÈRE

1788-1790.

La famille de Chénier souffrait de le voir inoccupé
et le pressait de prendre un emploi. On lui trouva
une place de secrétaire d'ambassade à Londres,
auprès de M. de la Luzerne. Il obéit sans empressement et même évidemment avec désespoir. Paris le
retenait, de mille chaînes, et en tous cas ce n'eût pas
été le Nord qui l'eût attiré. Il partit de Paris dans les
premiers jours de décembre 1787 et fit la traversée
de Calais à Douvres le 6 décembre, comme le prouve
cette date qu'il met à une très courte pièce : « Fait
en partie dans le vaisseau, en allant à Douvres, le 6,
couché et souffrant. Écrit à Londres le 10 décembre 1787 ». — La traversée fut pénible et douloureuse comme l'indique cette note et aussi la pièce :

Au fond du noir vaisseau sur la vague roulant
Le passager languit malade et chancelant....

> Stupide, il a perdu sa force et son courage
> Il ne retrouve plus ses membres engourdis.
> Il ne peut secourir ses amis ni son fils,
> Ni soutenir son père, et sa main faible et lente
> Ne peut serrer la main de sa femme expirante.

Il semble d'abord s'être plu à Londres. Son frère, Marie-Joseph, lui écrit en effet au 13 février 1788, c'est-à-dire quand André Chénier était à Londres depuis deux mois : « Vous vous plaisez à Londres et je m'y attendais ». Mais cette satisfaction, si tant est qu'elle ait été bien réelle, ne fut pas longue. Car on le voit dès le mois de décembre 1787, plus sincère sans doute en ne parlant qu'à lui-même qu'en écrivant à sa famille, regretter amèrement Paris et pleurer sur son exil :

> Sans parents, sans amis et sans concitoyens,
> Oublié sur la terre et loin de tous les miens,
> Par les vagues jeté sur cet île farouche,
> Le doux nom de la France est souvent dans ma bouche,
> Auprès d'un noir foyer, seul, je me plains du sort.
> Je compte les moments, je souhaite la mort.
> Et pas un seul ami dont la voix m'encourage,
> Qui près de moi s'asseye et, voyant mon visage
> Se baigner de mes pleurs et tomber sur mon sein,
> Me dise : « Qu'as-tu donc ? » et me prenne la main.
>
> (Londres, décembre 1787.)

Ce n'étaient pas seulement l'exil et le délaissement qui le torturaient et lui arrachaient des larmes. Le fond du caractère d'André, comme nous l'avons dit, était l'indépendance et la fierté. L'une et l'autre souffraient dans sa nouvelle situation. Eut-il à essuyer quelques hauteurs, même protectrices, de son chef? Eut-il à subir — et c'est plus probable — quelques dédains mal dissimulés d'une aristocratie très infatuée, que ses fonctions l'obligeaient à coudoyer? Toujours est-il que nous avons les confidences de ses douleurs et de leur caractère, sinon tout à fait de leur source. Il a été conservé, ce chiffon de papier daté et *localisé*, qui nous fait assister comme si nous y étions réellement à une *nuit* de Chénier, à une scène de solitude, de révolte et de désespérance. André est seul, un soir, dans une taverne écartée. L'amertume emplit son cœur d'exilé et de subordonné, et il écrit : « *London, Covent-Garden, Hood's Tavern,* vendredi, 3 avril 1789. — Que l'indépendance est bonne! Heureux celui que le désir d'être utile à ses vieux parents ne force pas à renoncer à son honnête et indépendante pauvreté! Peut-être un jour je serai riche : puisse alors le fruit de mes peines, de mes chagrins, de mon ennui, épargner à mes proches le même ennui, les mêmes chagrins, les mêmes peines! Puissent-ils me devoir d'*échapper à l'humiliation.* Oui, sans doute, l'humiliation. Il est dur de se voir négligé; il est dur de recevoir, sinon des dédains, au moins des politesses hautaines. Il est dur de sentir, quoi? qu'on est au-dessous de quelqu'un? Non, mais qu'il y a quelqu'un qui s'imagine que vous êtes au-dessous de lui. »

Et comme il arrive souvent avec Chénier, cette page de prose devient, évidemment à la même époque, une éloquente page de vers, une élégie aussi profonde et aussi sincère et déchirante d'accent que toutes celles de Chateaubriand et de Musset :

Oh ! nécessité dure, o pesant esclavage !
O sort ! Je dois donc voir et dans mon plus bel âge
Flotter mes jours, tissus de désirs et de pleurs
Dans ce flux et reflux d'espoir et de douleurs !
Souvent las d'être esclave et de boire la lie
De ce calice amer qu'on appelle la vie,
Las du mépris des sots qui suit la pauvreté,
Je regarde la tombe, asile souhaité ;
Je souris à la mort volontaire et prochaine ;
Le fer libérateur qui percerait mon sein
Déjà frappe mes yeux et frémit sous ma main ;
Et puis mon cœur s'écoute et s'ouvre à la faiblesse :
Mes parents, mes amis, l'avenir, ma jeunesse,
Mes écrits imparfaits.... Car à ses propres yeux
L'homme sait se cacher d'un voile spécieux.
A quelque noir dessein qu'elle soit asservie,
D'une étreinte invincible il embrasse la vie,
Il a souffert, il souffre ; aveuglé d'espérance,
Il se traîne au tombeau de souffrance en souffrance,
Et la mort, de nos maux ce remède si doux,
Lui semble un nouveau mal, le plus cruel de tous.

Enfin voici l'accent personnel ! Certes il y en avait déjà dans quelques-unes des élégies de Chénier que nous avons citées plus haut ; mais il était mêlé, souvent agréablement, quelquefois avec un certain excès, de réminiscences et d'allusions qui n'allaient pas

sans le refroidir. Voici maintenant l'accent profondément personnel en toute sa pureté et en toute sa
force. Voici le commencement de la troisième
manière de Chénier. Il ne la quittera plus guère,
sauf, une ou deux fois, pour écrire des poèmes
officiels et de circonstance, et là encore il aura quelque
chose de plus franc et de plus direct qu'autrefois.
Quand enfin on s'est trouvé, on ne se désaccoutume
pas aisément d'être soi-même.

Ce qui l'assombrissait autant sans doute que certains déboires, c'était le caractère anglais. Il l'ob-
servait, sans bienveillance, et par conséquent il le
peignait sans justice.

> Laissons là les Anglais.....
> Laissons là leur jeunesse... mélancolique
> Au sortir du gymnase ignorante et rustique,
> De contrée en contrée aller au monde entier
> Offrir sa joie ignoble et son faste grossier;
> Promener son ennui, ses travers, ses caprices,
> A ses vices partout ajouter d'autres vices,
> Et présenter au ris du public indulgent
> Son insolent orgueil fondé sur quelque argent.

Et nous avons ici l'aveu même de la secrète blessure qui faisait saigner le cœur d'André. Il souffrait
de l'isolement, de quelques hauteurs, de certaines
froideurs, mais surtout du manque d'argent qui ne
lui permettait pas de tenir son rang à Londres. A
Paris, au milieu d'amis riches, mais dévoués, et dans
cette charmante société de Paris au xviii° siècle, qui

ne faisait aucune attention à la fortune pourvu qu'on
eût de l'esprit, il ne s'était jamais aperçu qu'il était
pauvre. A Londres, il avait toutes les raisons du
monde de s'en apercevoir. Il le dit bien dans ces
vers qu'il faut rapprocher : « Son insolent orgueil
fondé sur quelque argent... Las du mépris des sots
qui suit la pauvreté. » — « Faute d'argent c'est dou-
leur non pareille », du moins auprès de ceux qui en
ont et qui vous font apercevoir qu'ils sentent que
vous n'en avez pas.

La consolation d'un lettré isolé et dépaysé c'est
d'étudier la littérature du lieu où le sort l'a jeté.
Chénier le fit, comme Voltaire. Mais il était trop de
la Grèce pour goûter la littérature anglaise. A la
vérité il aimait Shakespeare et, de Londres, il en
écrivait à son frère avec admiration ou au moins avec
faveur, puisque son frère lui répond : « Vous me
paraissez indulgent pour Shakespeare, vous trouvez
qu'il a des scènes admirables. J'avoue que dans tous
ses drames je n'en trouve qu'une qui mérite à mon
gré ce nom ; c'est l'entretien d'Henri IV mourant avec
son fils.... » Mais en général les écrivains anglais sont
infiniment loin de lui plaire. A qui songe-t-il quand
il les traite si durement? Sans doute à Young, très en
faveur à cette époque. Que ne lisait-il Sterne? Tant y a
qu'il ne peut s'accommoder de la littérature anglaise :

> Les poëtes anglais, trop fiers pour être esclaves,
> Ont même du bons sens rejeté les entraves.

Dans leur ton uniforme, en leur vaine splendeur,
Haletants pour atteindre une fausse grandeur,
Tristes comme leur ciel toujours teint de nuages,
Enflés comme la mer qui blanchit leurs rivages,
Et sombres et pesants comme l'air nébuleux
Que leur île farouche épaissit autour d'eux ;
Du génie étranger détracteurs ridicules,
D'eux-mêmes et d'eux seuls admirateurs crédules,
Et pourtant, quelquefois, dans leurs écrits nombreux,
Dignes d'être admirés par d'autres que par eux.

Comme on pouvait s'y attendre, André Chénier les oppose aux Grecs et leur oppose les Grecs, non sans quelque perfidie, car on peut écraser tout le monde avec les Grecs. Il a été puni de cette mauvaise façon de faire la guerre par la platitude, bien rare chez lui, des vers que cette idée lui inspire :

> Voyez rajeunir d'âge en âge
> L'antique et naïve beauté
> De ces Muses dont le langage
> Est brillant comme leur visage,
> De force, de douceur, de grâce et de fierté.

> De ce cortège de la Grèce
> Suivez les banquets séducteurs ;
> Mais fuyez la pesante ivresse
> De ce faux et bruyant Permesse
> Que du nord nébuleux boivent les durs chanteurs.

Il se divertissait du reste de ses ennuis par le travail. Il est assez probable qu'il a écrit beaucoup à Londres. Je croirais volontiers que son grand ouvrage en prose sur la *Perfection des Arts*, dont j'ai cité beaucoup quand je m'occupais des tendances et goûts littéraires de Chénier, est *surtout* de cette époque, je dis *surtout*, car il n'est pas douteux, non plus, que Chénier y ait travaillé tantôt à un moment tantôt à un autre, comme à tous ses ouvrages. Ce qui me fait croire que le recueil de notes et réflexions sur mille sujets intitulé après coup *Perfection des Arts* date surtout du séjour de Chénier à Londres, c'est que dans sa correspondance avec Palissot il s'occupe des mêmes sujets qui le sollicitent principalement dans la *Perfection des Arts*. Dans la lettre de Palissot à Chénier (1788) qui nous a été conservée, il est question de Voltaire, de Montesquieu, de Fontenelle, de Diderot, de tous les hommes que Palissot a plus ou moins attaqués, dont Chénier avait écrit à Palissot et dont Chénier s'occupe à son tour dans la *Perfection des Arts*. Correspondance avec Palissot et principaux passages de la *Perfection des Arts* doivent être du même temps.

Il faisait aussi des vers et les envoyait à son frère, comme le prouve ce mot d'une lettre de Marie-Joseph : « Un des grands plaisirs que je puisse avoir est de recevoir de temps en temps de ces beaux vers que vous savez faire ».

Quels étaient ces beaux vers faits à Londres de 1787 à 1789? Il ne faut plus retomber dans l'erreur de Sainte-Beuve (qu'il a reconnue, du reste) par laquelle il rattache l'Idylle *La Liberté* au séjour à

Londres et aux déboires que Chénier y ressentit, la *Liberté* étant datée de *mars* 1787 et Chénier étant encore à Paris à cette époque. J'en suis presque heureux d'ailleurs; car si Chénier eût exprimé les tristesses et les révoltes de son indépendance un peu farouche sous le voile de l'allégorie du « Berger » et du « Chevrier », j'aurais à lui reprocher de n'avoir pas déclaré une pensée et un sentiment personnels sous une forme personnelle aussi. Non, la *Liberté* est du commencement de 1787; elle ne révèle pas un état d'âme de Chénier lui-même; elle appartient encore à la « seconde manière » avec un ressouvenir de la première; et, du reste, elle est admirable.

Mais il est probable que le beau poème de l'*Invention* date du séjour à Londres. L'*Invention* est la préface de l'*Hermès*. Chénier a toujours songé à l'*Hermès*; mais il est évident qu'il s'en est peu occupé à travers son voyage rapide et douloureux en Italie, à travers sa vie parisienne et à travers ses Idylles, ses Poèmes antiques et Élégies. Il est évident aussi qu'il ne s'en est pas occupé du tout de 1790 à 1794, dans la fièvre de la vie politique et de ses travaux de journaliste. Reste qu'il y a songé beaucoup, sans y avoir infiniment travaillé, pendant son séjour à Londres. Ce n'est que probable, mais c'est vraisemblable extrêmement. Or, l'*Invention* est la préface de l'*Hermès* d'une part, à n'en pas douter, et d'autre part est la définition même de la troisième manière de Chénier.

Vers 1785, comme nous l'avons vu, Chénier voulait « qu'on imitât les anciens », qu'on fît des poèmes antiques sous une forme accommodée au goût moderne, et en un mot qu'on recommençât l'œuvre de la Pléiade en la faisant mieux, avec à la fois plus de connaissance de l'antiquité et plus d'aisance et de grâce. A la veille d'écrire décidément l'*Hermès*, en écrivant déjà des fragments considérables, surtout sachant ce qu'il y mettrait et ayant accumulé les notions scientifiques, historiques et philosophiques· qui en devaient être la base et la matière, en un mot vers 1788, il pense et il va dire sur la mission du poète l'inverse et presque le contraire de ce qu'il écrivait vers 1785, il rédige un *art poétique* qui est l'inverse et presque le contraire de celui qu'il avait écrit vers 1785 ; et c'est le poème de l'*Invention*.

Dans ce poème il y a une *condamnation de l'imitation* ; une définition de l'invention originale ; un programme de ce qui doit être désormais « la fonction du poète » comme a dit Hugo ; une réfutation des objections que l'on peut faire à ce programme ; une définition de la mesure dans laquelle on peut encore, cependant, imiter les anciens.

Il ne faut plus d'imitation, il ne faut plus imiter *le fond* que nous tenons des anciens, leurs sentiments, leurs passions, leurs idées, leur philosophie, leur science. Il ne faut pas imiter les anciens, il faut *faire comme eux* et c'est-à-dire précisément ne pas les imiter, puisqu'ils n'imitaient personne.

> L'Attique et l'onde Égée et la belle Ionie
> Donnèrent un ciel pur, les plaisirs, la beauté
> Des mœurs simples, des lois, la paix (?), la liberté,
> Un langage sonore aux douceurs souveraines
> Le plus beau qui soit né sur les lèvres humaines !
> Nul âge ne verra pâlir vos saints lauriers ;
> Car *vos pas inventeurs* ouvrirent les sentiers,
> Et du temple des arts que la gloire environne
> Vos mains ont élevé la première colonne,
> A nous tous aujourd'hui, vos faibles nourrissons
> Votre exemple a dicté d'importantes leçons,
> Il nous dit que nos mains, *pour vous être fidèles,*
> *Y doivent élever des colonnes nouvelles:*
> *L'esclave imitateur naît et s'évanouit,*
> *La nuit vient, le corps reste et son ombre s'enfuit.*
>
> . . . .

La meilleure manière d'honorer les anciens, de « leur être fidèles » et de suivre exactement leur exemple, c'est donc précisément de ne pas les imiter :

> Oh! qu'ainsi parmi nous des esprits inventeurs
> De Virgile et d'Homère atteignent les hauteurs,
> Sachent dans la mémoire avoir comme eux un temple
> *Et, sans suivre leurs pas, imiter leur exemple,*
> *Faire, en s'éloignant d'eux avec un soin jaloux,*
> *Ce qu'eux-mêmes ils feraient s'ils vivaient parmi nous.*

Imiter les anciens c'est impuissance chez les uns et timidité chez les autres. A l'impuissance il n'y a rien à dire, sinon qu'elle se taise; mais à la timidité il faut persuader qu'elle se renonce et qu'elle cesse de paralyser le génie.

> Quoi! faut-il, ne s'armant que de timides voiles,
> N'avoir que ces grands noms pour Nord et pour étoiles,
> Les côtoyer sans cesse et n'oser un instant,
> Seul et loin de tout bord, intrépide et flottant
> Aller sonder les flancs du plus lointain Nérée.
> Et du premier sillon fendre une onde ignorée?...
> Tout a changé pour nous, mœurs, sciences, coutumes.
> Pourquoi nous faut-il donc par un pénible soin
> Sans rien voir près de nous, voyant toujours bien loin,
> Vivant dans le passé, laissant ceux qui commencent,
> *Sans penser, écrivant d'après d'autres qui pensent,*
> *Retraçant un tableau que nos yeux n'ont point vu,*
> *Dire et dire cent fois ce que nous avons lu?*

Il faut donc inventer; mais qu'est-ce que c'est bien que l'invention? Boileau l'a dit, en une ligne de prose dont Chénier ne se souvient pas et que peut-être il n'a jamais lue, mais qu'il réédite en très beaux vers : « Une pensée neuve est une pensée qui a dû venir à tout le monde et que quelqu'un s'avise le premier d'exprimer ». Le poëte est l'homme qui exprime mieux que les autres la pensée de tous, parce qu'il la conçoit plus nettement, et le sentiment de tous parce qu'il l'éprouve plus profondément :

> .... Dans les arts l'inventeur est celui
> Qui peint ce que chacun put sentir comme lui,

Qui fouillant des objets les plus sombres retraites,
Étale et fait briller leurs richesses secrètes,
Qui, par des nœuds certains, imprévus et nouveaux
Unissant des objets qui paraissent rivaux,
Montre et fait adopter à la nature mère
Ce qu'elle n'a point fait ; mais ce qu'elle a pu faire :
C'est le fécond pinceau qui, sûr de ses regards,
Retrouve un seul visage en vingt belles épars,
Les fait renaître ensemble, et, par un art suprême,
Des traits de vingt beautés forme la beauté même.

Et cette invention, elle a continuellement, de civilisation en civilisation, de siècle en siècle, de génération en génération, une nouvelle matière, une matière née d'hier et encore absolument intacte. Cette matière, ce sont les nouveaux sentiments, les nouvelles passions, les nouvelles philosophies (Chénier ne pouvait pas dire les nouvelles religions) et les nouvelles connaissances du monde et d'eux-mêmes acquises par les hommes. Depuis les Anciens le monde s'est agrandi. L'Amérique et le ciel ont été découverts. N'est-ce rien que cela, et dans un univers tout nouveau, dont les Anciens n'avaient pas même le soupçon, est-ce dans les bornes nécessairement circonscrites de leur pensée qu'il faut rester obstinément ? N'y a-t-il rien à tirer, au profit de l'imagination, de tant de découvertes d'une part, de tant d'inventions de l'autre, et d'un monde extérieur — toute pensée nous vient par les sens, selon Chénier — qui est tellement différent de celui des anciens

que c'est comme si l'homme avait passé d'une pla-
nète dans une autre?

> De la Grèce naissante, héroïque et sauvage,
> Dans Homère à nos yeux vit la parfaite image,
> Démocrite, Platon, Épicure, Thalès
> Ont de loin à Virgile indiqué les secrets
> D'une nature encore à leurs yeux trop voilée.
> Torricelli, Newton, Képler et Galilée,
> Plus doctes, plus heureux dans leurs puissants efforts,
> A tout nouveau Virgile ont ouvret des trésors.
> *Tous les arts sont unis; les sciences humaines*
> *N'ont pu de leur empire étendre les domaines,*
> *Sans agrandir aussi la carrière des vers.*
>
> . . . .
>
> . . . . , ...
>
> L'aimant, de nos vaisseaux seul dirigeant les ailes,
> *Une Cybèle neuve* et cent mondes divers
> Aux yeux de nos Jasons sortis du sein des mers!
> Quel amas de tableaux, de sublimes images
> Naît de ces grands objets réservés à nos âges!
> Sous ces bois étrangers qui couronnent ces monts,
> Aux vallons de Cusco, dans ces antres profonds,
> Si chers à la fortune et plus chers au génie,
> *Germent des mines d'or, de gloire et d'harmonie.*

Voilà tout le nouveau champ de labour et de
bataille qui est ouvert aux poètes nouveaux. Voilà
où ils doivent porter leurs regards, leurs pas et leurs
efforts.

Il y a des objections. Les anciens avaient la grâce
comme leur privilège. Leurs muses, leurs Dieux,
leur Olympe ont en eux le charme qu'il ne semble
pas que contienne le monde nouveau. Les sciences

modernes, les découvertes et inventions modernes sont austères, pour ne pas dire rébarbatives.... — Parce que les poëtes ne les ont pas touchées! Tout nous vient de la nature. Or si la nature connue des anciens, petite, bornée et mesquine, les a si merveilleusement inspirés, comment nous inspirera la nature nouvelle, immense, magnifique, infinie, si nous savons non seulement la connaître, mais la sentir, comme ils savaient et connaître et sentir la leur!

Mais enfin dites-moi, si d'une œuvre immortelle
La nature est en nous la source et le modèle,
Pouvez-vous le penser que tout cet univers
Et cet ordre éternel, ces mouvements divers,
L'immense vérité, la nature *elle-même*,
Soit moins grande en effet que ce brillant système
Qu'ils nommaient la nature et dont d'heureux efforts
Disposaient avec art les fragiles ressorts ?

— Oui, peut-être ; mais ces vérités de la science nouvelle sont très pénibles à déchiffrer ; elles sont enfermées dans des volumes lourds à soulever et pénibles à comprendre ! — Nous voilà au point ! Ce qui arrête les poëtes modernes à l'entrée de cette voie nouvelle, ce n'est pas la timidité, c'est la paresse. Eh bien, la difficulté de la science nouvelle devrait être un excitant au lieu d'être tenue pour un obstacle.

Mais quoi! ces vérités sont au loin reculées
Dans un langage obscur saintement recélées.

— C'est là, c'est là sans doute un aiguillon de plus !
L'auguste poésie, éclatante interprète,
Se couvrira de gloire en forçant leur retraite.
Cette reine des cœurs à la touchante voix,
A le droit, en tous lieux, de nous dicter son choix....
Elle porte à travers les nuages plus sombres,
Des rayons lumineux qui dissipent leurs ombres,
Et rit quand dans son vide un auteur oppressé
Se plaint qu'on a tout dit et que tout est pensé....
Aux lieux les plus déserts ses pas, ses jeunes pas,
Trouvent mille trésors qu'on ne soupçonnait pas.
Sur l'aride buisson que son regard se pose,
Le buisson à ses yeux rit et jette une rose.

On dit encore : « Mais la langue française est-elle capable de cet éclat, de cette grâce, de cette harmonie des langues anciennes; et par conséquent peut-elle faire ce qu'elles ont fait; peut-on, avec elle, faire ce que les Anciens ont fait avec les leurs, transformer la science en poésie, transfigurer la pensée en image, en symbole et en mythe, et faire jaillir la rose du buisson ? » — C'est ce qu'on disait déjà à Du Bellay et Ronsard; et Ronsard et Du Bellay ont répondu d'abord par des raisons et ensuite par des exemples. Chénier, qui compte bien répondre aussi par le fait et prouver le mouvement en marchant, s'appuie sur les exemples fournis par un passé récent. Le « langage français » est certainement rebelle entre les mains des sots;

Mais serait-ce Lebrun, Racine, Despréaux
Qui l'accusent ainsi d'abuser leurs travaux ?

Est-ce à Rousseau, Buffon qu'il résiste, infidèle ?
Est-ce pour Montesquieu qu'impuissant et rebelle
Il fuit ? Ne sait-il pas, se reposant sur eux,
Doux, rapide, abondant, magnifique, nerveux,
Creusant dans les détours de ces âmes profondes
S'y teindre, s'y tremper de leurs couleurs fécondes ?

Il faut donc être inventeurs, hardiment, et hardiment exploiter l'immense matière poétique, encore intacte, qui est sous nos yeux et qui semble s'offrir à nos mains et les réclamer.

Ne pratiquera-t-on donc plus les anciens ? — Il faut les pratiquer plus que jamais. Mais pourquoi ? non plus pour les imiter, mais pour apprendre leur art, ce qui est tout différent ; non plus pour emprunter leurs idées, mais pour emprunter leurs couleurs ; non plus pour les prendre comme maîtres de pensée, mais pour les prendre comme éducateurs de l'imagination. Allons les voir pour être émus et pour saisir le secret d'émouvoir, non pour apprendre leurs pensées et les répéter.

Volons, volons chez eux retrouver leurs modèles,
Voyageons dans leur âge, où libre et sans détour, [jour...
Chaque homme ose être un homme et penser au grand
Allons voir au théâtre, aux accents d'Euripide
D'une sainte folie un peuple furieux
Chanter : « Amour, tyran des hommes et des Dieux ».
Puis, ivres des transports qui nous viennent surprendre,
Parmi nous, dans nos vers revenons les répandre ;

Changeons en notre *miel leurs plus antiques fleurs ;*
Pour peindre notre *idée empruntons* leurs couleurs
Allumons nos flambeaux à leurs feux poétiques :
Sur des pensers nouveaux faisons des vers antiques.

Le chemin est parcouru ; l'évolution est accomplie. Chénier avait commencé par dire, à très peu près : « Sur des pensers anciens, faisons des vers nouveaux » et il n'avait pas songé à autre chose pendant plusieurs années. Plus instruit, plus muni de réflexions, et sollicité par de nouveaux objets, devenu moderne, devenu personnel, devenu lui-même en ce sens qu'il a pris conscience de soi, il dit maintenant : « Sur des pensers nouveaux, faisons des vers antiques », c'est-à-dire faisons des vers tout nouveaux, tout modernes, tout personnels, en leur fond ; du reste, ayant, grâce à l'étude que nous aurons faite de l'antiquité, le tour, la couleur, la grâce, la force, la beauté des vers anciens, et qui soient antiques en ce sens qu'ils seront dignes de l'antiquité.

A un autre point de vue, il était devenu moderne, comme il arrive toujours, *parce qu'il l'avait toujours été.* Ce n'était pas, si l'on veut, être moderne que de recommencer Ronsard ; mais c'était être novateur. Depuis quelque temps déjà, et ce fut plus vrai encore après Chénier, mais c'était déjà vrai avant lui, les Français s'imitaient eux-mêmes. Ils imitaient le XVIIe siècle, bien entendu en l'affaiblissant. Ils étaient

sur ce chemin qui conduit aux imitations d'imitations.
Avant même qu'on en arrivât là, Chénier avait compris qu'il ne fallait pas imiter les modernes, ni les anciens à travers les modernes, qu'il fallait imiter les anciens directement. C'était déjà une innovation et c'était déjà un affranchissement. C'était une imitation de moins, donc un joug de secoué sur deux. Plus tard, et suivant son chemin très directement et très naturellement, Chénier en vint à se dire qu'il ne fallait pas imiter les anciens non plus; qu'il fallait seulement les connaître, les sentir, les adorer et laisser leur influence produire en nous ses effets spontanés, qu'il fallait en un mot, ce qui est la vérité même en cette affaire, étudier tout le monde et n'imiter personne.

Ainsi Chénier, à Londres, comme ce Voltaire qu'il n'aimait pas et avec qui il n'a guère d'autre rapport, réfléchissait sur son art, concevait une troisième manière et déjà commençait à la pratiquer.

Du reste, il ne faut déjà plus parler de séjour à Londres. Pendant les années 1788, 1789, 1790, ses voyages à Paris sont si fréquents qu'il réside d'abord presque autant, puis autant, puis plus à Paris qu'à son poste. C'est pour cela que, quoiqu'il n'ait résigné ses fonctions qu'au commencement de 1791, nous arrêtons à 1790 la période de son séjour réel à Londres. — Pendant ces voyages à Paris il continuait à fréquenter assidûment les Trudaine, la duchesse d'Albany, le peintre David en son atelier du Louvre. Il faisait la connaissance de Mme Necker, de M. et de Mme de Montmorin, de la toute jeune Mme de Staël, qui venait de publier son premier ouvrage, les *Lettres sur Jean-Jacques*. — A partir de 1790 nous pouvons le considérer comme redevenu parisien.

CHAPITRE VI

DERNIÈRES ANNÉES. — TROISIÈME MANIÈRE
1790-1794.

André Chénier faisait partie, dès 1789, de ce qu'on appelait alors la *Société Trudaine*, qui n'était qu'un cercle d'amis, mais très vivant, très actif, et qui accueillit la Révolution avec transport, les frères Trudaine étant membres du Parlement de Paris et les parlementaires d'alors, comme les nobles, ayant provoqué avec ardeur et salué avec enthousiasme le mouvement qui devait les détruire. De la société Trudaine naquit en 1789 la *Société de 1789*, qui prit plus tard le nom de *Société des amis de la Constitution*. Chénier en fut tout naturellement, entre ses amis Trudaine et ses amis de Pange. Cette société comprenait à peu près tous les hommes qui devaient marquer dans la Révolution, qui devaient plus tard prendre des directions différentes et se proscrire les uns les autres, mais qui alors étaient unis, ou croyaient l'être. On y rencontrait, se coudoyant,

Chamfort, Rulhière, Rœderer, Suard, les deux Chénier, Narbonne, Montmorency, La Trémouille, La Rochefoucauld, La Fayette, Broglie, le docteur Guillotin, Monge, Lavoisier, Lacépède, Dupont de Nemours, Condorcet, Cabanis, Garat, Mirabeau l'aîné, David, Sieyès, Barère, Beauharnais, Brissot.

André Chénier prit feu très vite au milieu de cette réunion ardente et savante et entra dans la politique active pour la première fois par son *Avis au peuple français sur ses véritables ennemis* inséré dans le *Journal de la Société de 1789* le 28 août 1790. — C'était une manière de manifeste général de la *Société*, déjà inquiète sur la tournure que prenaient les événements. Il en fut fait, le jour même de la publication, un tirage très considérable. Dans cet écrit, daté de « Passy, 24 août 1790 » et qui est d'une quarantaine de pages semblables à celles-ci, André Chénier dénonce énergiquement les dangers qui menacent et la France et l'œuvre de la Révolution elle-même. Ces dangers c'est l'esprit de parti et l'agitation de la rue se substituant à la délibération passionnée mais méthodique des représentations de la nation tout entière : « ... Si, loin d'avoir disparu après quelque temps, l'on voit les germes de haines publiques s'enraciner profondément; si l'on voit les accusations graves, les imputations atroces se multiplier au hasard; si l'on voit surtout un faux esprit, de faux principes fermenter sourdement et presque avec suite dans la plus nombreuse classe de citoyens; si l'on voit en face aux mêmes instants, dans tous les coins de l'empire, des insurrections illégitimes, amenées de la même manière, fondées sur les mêmes méprises, soutenues par les mêmes sophismes; si l'on voit paraître souvent en armes et dans des occasions semblables cette dernière classe du peuple qui, ne connaissant rien, n'ayant rien, ne prenant intérêt à rien, ne sait que se vendre à qui veut la payer; alors ces symptômes doivent paraître effrayants ».

Il proteste avec une indignation qu'il regrette d'être presque seul à exprimer, contre les exécutions sommaires par lesquelles se déclare la justice du peuple : « Certes, dit-il, avec une éloquente ironie, il est incontestable que tout pouvoir émanant du peuple, celui de pendre en émane aussi; mais il est bien affreux que ce soit le seul qui ne veuille pas s'exercer par ses représentants; et c'est ici une des choses où les gens de bien ont le plus à se reprocher de n'avoir pas manifesté assez hautement leur indignation... ». Il en appelle magnifiquement à la conscience même de la nation en lui faisant observer qu'elle est responsable non seulement de ses destinées, mais véritablement de celles du monde : « La France n'est point dans ce moment chargée de ses seuls intérêts; la cause de l'Europe entière est déposée dans ses mains. La révolution qui s'achève parmi nous est pour ainsi dire grosse des destinées du monde. Les nations qui nous environnent ont l'œil fixé sur nous et attendent l'événement de nos combats intérieurs avec une impatience intéressée et une curieuse inquiétude, et l'on peut dire que la race humaine est maintenant occupée à faire sur nos têtes une grande expérience. Si nous réussissons le sort de l'Europe est changé : les hommes rentrent dans leurs droits; les peuples rentrent dans leur souveraineté usurpée; les rois, frappés du succès de nos travaux et séduits par l'exemple du roi des Français, transigeront peut-être avec les nations qu'ils seront appelés à gouverner, et peut-être, bien instruits par nous, des peuples plus humains que nous parviendront à une constitution équitable et libre sans passer par les troubles et les malheurs qui nous auront conduits à ce premier de tous les biens.... Mais s'il arrivait que nos dissensions, nos inconséquences, notre indocilité à la loi fissent crouler cet édifice naissant et parvinssent à nous abîmer dans cette dissolution de l'empire; alors, perdus pour jamais, nous perdons pour longtemps le reste de l'Europe, nous la reculons de plusieurs siècles, nous appesantissons ses chaînes; nous relevons l'orgueil des tyrans ».

Enfin il traçait une sorte de code de la liberté qui est un des programmes les plus lumineux et les plus précis et en même temps les plus élevés qui aient

jamais été écrits pendant ou depuis la Révolution :
« Tous doivent savoir : qu'il ne peut y avoir de
société libre sans gouvernement et sans ordre public;
— que, si dans les états despotiques on appelle ordre
public l'obéissance aveugle aux caprices des des-
potes, sous une constitution libre et fondée sur la
souveraineté nationale, l'ordre public est l'unique
sauvegarde des biens et de personnes, l'unique sou-
tien de la constitution ; — qu'il n'est point de constitution, si tous les citoyens, affranchis de toute espèce
de joug illégitime, ne sont unis de cœur à porter le
joug de la loi, toujours léger quand tous le portent
également, — qu'il n'est point de liberté sans loi ; —
qu'il n'est point de loi si une partie de la société,
fût-ce la plus nombreuse, peut attaquer par violence
et essayer de renverser l'ancienne volonté générale
qui a fait la loi, sans attendre les époques et observer
les formes indiquées par la Constitution ; — que,
lorsque la Constitution donne un moyen légal de
réformer une loi, l'insurrection contre une loi est le
plus grand des crimes dont un citoyen puisse être
coupable, puisque, par ce crime, il dissout la société
autant qu'il est en lui et commet le crime de lèse-
nation ; — que la loi ne peut s'appliquer qu'aux
actions et que les inquisitions sur les opinions et les
pensées ne sont pas moins attentatoires à la liberté
lorsqu'elles s'exercent au nom de la nation que lorsqu'elles s'exercent au nom des tyrans ».

Ces principes, ces idées, qui étaient celles de Montesquieu, de Condorcet et de la Déclaration des droits de l'homme, il les soutient avec une verve et une éloquence toujours prêtes pendant toute l'année 1791 et pendant toute l'année 1792. Il les reprend et les développe magistralement dans sa brochure d'avril 1791, l'*Esprit de parti*, où il dénonce cet *honneur de corps* qui se transforme et qui fait qu'un parti politique pratique une sorte de solidarité tyrannique et criminelle, comme faisait autrefois une caste, une classe ou une corporation ; où il proteste aussi contre cette subtilité éristique par laquelle « les querelles politiques, succédant aux querelles scolastiques et aux querelles théologiques, mais traitées de la même manière, dans le même esprit et avec les mêmes sophismes (car le caractère de l'espèce humaine ne change pas), aigrissent aujourd'hui les sociétés, divisent les familles, et jettent de telles semences de haine et de calomnies que les plus absurdes accusations de vols, d'empoisonnements, d'assassinats secrets sont familières à tous les partis et n'étonnent plus personne ».

Il mettait ainsi à la même époque pour la première fois sa muse au service de ses opinions politiques. Il faisait un grand poème lyrique sur les débuts de la Révolution ou plutôt sur la Révolution tout entière ; car on n'a pas assez dit que le *Jeu de Paume* est d'abord l'histoire rapide et par grandes fresques, l'histoire *pindarique*, de la naissance de l'Assemblée nationale; mais ensuite un programme de politique intérieure et extérieure, lyrique encore du reste et d'une admirable éloquence, qui exprime toutes les idées chères aux « amis de la Constitution » et aux amis de Chénier en 1790, les Sieyès, les Condorcet, les Bailly et les La Fayette.

La première partie raconte les élections de 1789, la réunion des députés à Paris, la séance de la salle du Jeu de Paume, l'adhésion des deux hauts ordres au Tiers État, la prise de la Bastille. La seconde est un discours et n'est plus un récit. Le poëte y prend la parole; il y recommande au peuple la modération dans la victoire et le respect des Droits de l'homme que ses représentants ont proclamés.

> O peuple deux fois né! Peuple vieux et nouveau;
>   Tronc rajeuni par les années!
> Phénix sorti vivant des cendres du tombeau!
> Et vous aussi, salut, vous porteurs du flambeau
>   Qui nous montra nos destinées!
> Paris vous tend les bras, enfants de notre choix!
>   Pères d'un peuple, architectes des lois!
> Vous qui savez fonder d'une main ferme et sûre
>   Pour l'homme un code solennel,
> Sur tous ses premiers droits, sa charte antique et pure,
>   Ses droits sacrés, nés avec la nature,
>   Contemporains de l'Éternel.
> Vous avez tout dompté; nul joug ne vous arrête;
>   Tout obstacle est mort sous vos coups.
>   Vous voilà montés sur le faîte :

> Soyez prompts à fléchir sous vos devoirs jaloux.
> Bienfaiteurs, il vous reste un grand compte à nous rendre
> Il vous reste à borner et les autres et vous.
>   Il vous reste à savoir descendre.

Il leur reste à ne pas armer pour soutenir leurs droits « la torche incendiaire et le fer assassin » ; il leur reste à ne pas « venger la raison par des crimes » ; il leur reste à être libres, et c'est-à-dire à n'être pas oppresseurs ; car « l'oppresseur n'est jamais libre » ; il leur reste encore à enseigner la liberté au monde, à donner aux peuples et aux rois la leçon et l'exemple d'un peuple libre, sage, généreux et humain ; et alors les sceptres d'airain

> Disparaîtront, réduits en poudre.

C'était la première œuvre poétique qu'André Chénier livrât au public, considérant encore toutes les autres comme des essais ou comme des ébauches. Elle ne donnait au public lettré aucune idée de ce qu'était Chénier. A la lire, il devait se représenter Chénier comme un poète de l'école de Lebrun le poète et de David le peintre. Encombré de mythologie, de périphrases toujours pénibles et quelquefois ridicules, de périodes oratoires quelquefois très belles, surtout dans la seconde partie, souvent horriblement pénibles et mêmes confuses, elle ressortissait à cette école ultra-classique, guindée et pompeuse du XVIIIe siècle, qui est représentée par les

Lefranc de Pompignan, les Lebrun et les Marie-Joseph Chénier. Parlant pour la première fois au public, Chénier, comme il est arrivé à beaucoup d'autres, avait changé sa voix et avait pris un style qui n'était pas du tout le sien. Il est à remarquer, du reste, que Chénier n'a pas vraiment le même tour de plume quand il écrit pour un lecteur ou quand il écrit pour lui. Ses articles en prose sont aussi, comme on l'a vu, oratoires, périodiques et un peu tendus, ce que ses œuvres intimes, si je puis ainsi les appeler, ne sont jamais. — Le *Jeu de Paume* n'appartient pas à la troisième manière d'André Chénier, ni à aucune de ses manières.

J'en dirai presque autant de deux autres pièces politiques, l'une publiée, comme le *Jeu de Paume,* l'autre répandue, à peu près dans le même temps, c'est à savoir l'*Hymne sur l'entrée triomphale des Suisses révoltés du régiment de Châteauvieux* (15 avril 1792) et *A Charlotte Corday* (juillet 1793). Le commencement de l'*Hymne* est d'un beau mouvement d'ironie oratoire ; mais ne faut-il pas, ensuite, que les Suisses du régiment de Chateauvieux deviennent, à l'imitation de la chevelure de Bérénice, une constellation nouvelle dans les cieux ?

> O vous, enfants d'Eudoxe et d'Hipparque et d'Euclide ;
>   C'est par vous que les blonds cheveux
> Qui tombèrent du front d'une reine timide
>   Sont tressés en célestes feux...

> Faites gémir l'Atlas sous de plus nobles hôtes...
> Que la nuit de leur nom embellisse ses voiles,
> Et que le rocher aux abois
> Invoque en leur galère, ornement des étoiles,
> Les Suisses de Collot d'Herbois!

A Charlotte Corday contient quelques beaux traits, comme celui-ci :

> Ta douceur, ton langage et simple et magnanime
> Leur apprit qu'en effet, tout puissant qu'est le crime,
> Qui renonce à la vie est plus puissant que lui.

Mais en général c'est une pièce un peu lourde et, sinon sans énergie, du moins sans éclat.

Ce n'est pas que Chénier ne fût pas doué, et nous verrons assez combien il l'était, pour la poésie politique; mais aux premiers pas qu'il faisait dans cette nouvelle carrière, sa marche sentait l'inexpérience, l'étude, la gaucherie, et surtout l'effort.

Il continuait en prose, et plus heureusement, le bon combat qu'il s'était juré de livrer pour la cause de la liberté et de la justice. Il dénonçait, en avril 1791, le vrai crime, qui était à cette époque celui de tous, le crime de la peur. Il se montrait fermement attaché aux principes de 1789 en protestant contre la lettre célèbre (31 mai 1791) où l'abbé Raynal avait attaqué la *Déclaration des droits de l'homme* et paru renier toutes les idées qu'il avait soutenues jadis avec tant d'éclat. Mais il dénonçait vaillamment, en un écrit qui est certainement la vraie cause de sa mort, la société des Jacobins, cette société que dans ses notes intimes il assimile à une société aussi célèbre : « *Aux talents et à la capacité près ils ressemblent à la société des Jésuites* ». Il écrivait sans ambages, le 26 février 1792 : « Il existe au milieu de Paris une association nombreuse… toujours gouvernée par des chefs visibles ou invisibles qui changent souvent et se détruisent mutuellement; mais qui ont tous le même but : de régner, et le même esprit : de régner par tous les moyens. Cette société s'étant formée dans un moment où la liberté n'était pas encore affermie… attira nécessairement un grand nombre de citoyens alarmés et pleins d'un ardent amour pour la bonne cause. Plusieurs avaient plus de zèle que de lumières. Beaucoup d'hypocrites s'y glissèrent avec eux, ainsi que beaucoup de personnages endettés, pauvres par fainéantise et qui voyaient de quoi espérer dans un changement quelconque. Plusieurs hommes justes et sages… s'en sont retirés depuis; d'où il suit que cette association doit être en grande partie composée de quelques joueurs adroits qui préparent les hasards et qui en profitent, d'intrigants subalternes à qui l'avidité et l'habitude du mal faire tiennent lieu d'esprit; et d'un grand nombre d'oisifs honnêtes, mais ignorants et bornés, incapables d'aucune mauvaise action, mais très capables de servir, sans le savoir, les mauvaises intentions d'autrui. Cette société en a produit une infinité d'autres. Presque toutes sont soumises aux ordres de la société-mère et entretiennent avec elle une correspondance très active. Cette dernière est un corps dans Paris et elle est la tête d'un corps plus vaste qui s'étend sur la France. *C'est ainsi que l'Église de Rome plantait la foi et gouvernait le monde par des congrégations de moines.* »

Il montrait du doigt Robespierre lui-même, le 27 avril 1792, et ce geste indiscret ne lui fut sans doute point pardonné : « De deux factions qui « régnaient à Carthage, dit un grand homme peu « estimé dans les clubs, l'une voulait toujours la paix « et l'autre toujours la guerre, de façon qu'il était « impossible d'y jouir de l'une et d'y bien faire « l'autre ». Un parleur connu par sa féroce démence et par une inexplicable haine contre un général dont on ne saurait le soupçonner d'être jaloux, a fait depuis quelque temps de beaux sermons sur la Providence et assure qu'il compte beaucoup sur son secours. Il faut qu'il la prie de nous conduire de manière qu'on ne puisse nous appliquer ce passage de Montesquieu ».

Il protestait, en prose comme en vers, contre l'entrée triomphale des Suisses et avait à cette occasion une polémique avec son frère Marie-Joseph ; il protestait contre le 10 août ; lors du procès du roi il réclamait l'honneur de le défendre. Cette mission lui ayant été disputée par Malesherbes et du reste n'ayant été accordée à personne, il écrivit du moins quatre plaidoyers pour le roi sous différentes formes ; c'est à savoir le *Projet d'un discours du roi à l'Assemblée nationale*, l'appel *A tous les citoyens français*, le *Projet de pétition ou de discours à la Convention*, le *Projet d'une lettre de Louis XVI aux députés de la Convention*.

Après la mort du Roi, soit qu'il eût reconnu l'inutilité de ses efforts, soit, comme il est plus probable et comme certains textes l'indiquent, qu'il ait été très souffrant, André Chénier se tut. Il se retira à Versailles, rue de Satory, pour jouir de la tranquillité de la vieille ville délaissée et de l'air pur de ses environs et « *silvas interreptare salubres* », comme il devait dire.

C'est là qu'il se remit à ses travaux purement littéraires et probablement à cet *Hermès* qu'il avait toujours rêvé, souvent ébauché, qu'il n'écrivit jamais.

Je place les dernières rédactions des *fragments* de l'*Hermès* (non pas du *plan*, qui peut être de n'importe quelle époque) soit à l'époque du séjour à Londres, soit à l'époque du séjour à Versailles, sans aucune raison précisément documentaire, mais parce que les idées soulevées dans ces écrits indiquent la maturité et marquent comme *faites* toutes les lectures que Chénier a pu faire pendant toute sa vie; parce que les vers qu'ils contiennent sont, non seulement parmi les plus beaux, mais parmi les plus pleins, les plus solides, les plus *vastes*, les moins appuyés, aussi, sur des souvenirs antiques, et les plus personnels, d'André Chénier; parce que tels vers de Chénier qui sont *datés*, étant dans une lettre de lui à Bailly en 1791, sont tellement du même ton et de la même manière que ceux de l'*Hermès* qu'on pourrait les prendre pour un fragment de l'*Hermès* : « Heureux mille fois le sage qui, s'élevant au-dessus de la fange des passions humaines, habite le sommet des montagnes, étudiant l'histoire du ciel, qui est si douce et si pure, jusqu'au jour où il exhalera et rejoindra à l'âme universelle cette portion qui lui était en partage et que son corps emprisonnait.

> Salut, ô belle nuit, étincelante et pure...
> Muse, muse nocturne, en ton brûlant délire,
> Lance-toi dans l'espace et, pour franchir les airs,
> Prends les ailes des vents, les ailes des éclairs,
> Les bonds de la comète aux longs cheveux de flamme.
> Mes vers impatients, élancés de mon âme,
> Veulent parler aux Dieux et volent où reluit
> L'enthousiasme errant, fils de la belle nuit...
> Terre, fuis sous mes pas ! L'éther, où le ciel nage,
> M'aspire. Je parcours l'océan sans rivage.
> Plus de nuit. Je n'ai plus d'un globe opaque et dur
> Entre le jour et moi l'impénétrable mur.
> Plus de nuit; et mon œil et se perd et se mêle
> Dans les torrents profonds de lumière éternelle.

Féconde immensité, les esprits magnanimes
Aiment à se plonger dans tes vivants abîmes;
Abîmes de clartés, où, libre de ses fers,
L'homme siège au conseil qui créa l'univers;
Où l'âme remontant à sa grande origine,
Sent qu'elle est une part de l'essence divine.

Oui, ces vers sont de 1791, et ils sont évidemment contemporains de l'*Hermès*. Et enfin un fragment de l'*Hermès* lui-même est daté aussi. C'est le morceau qui devait le clore et que Chénier a intitulé *Épilogue*. Lisons attentivement.

O mon fils, mon *Hermès*, ma plus belle espérance,
O fruit des longs travaux de ma persévérance,
Toi, l'objet le plus cher des veilles de dix ans...

Ce premier mot indiquerait : écrit en 1792; mais ne nous y arrêtons pas; car Chénier aurait pu mettre ce mot « dix ans », bien à l'avance, en prévision du temps qu'il s'accordait pour écrire son poème; et aussi bien, en 1792, dans l'état où était son poème, l'auteur en avait bien pour au moins cinq ans encore; il en eût été quitte pour écrire « quinze ans » en 1797; mais c'est la suite qui est datée très précisément :

Dans la France pour toi que faut-il que j'espère ?
Jadis, enfant chéri, dans la maison d'un père
Qui te regardait vivre et grandir sous ses yeux,
Tu pouvais sans péril, disciple curieux,

Sur tout ce qui frappait ton enfance attentive,
Donner un libre essor à ta langue naïve.
Plus de père aujourd'hui ! *Le mensonge est puissant;*
Il règne; dans ses mains luit un fer menaçant.
De la vérité sainte il déteste l'approche ;
Il craint que son regard ne lui fasse un reproche,
Que ses traits, sa candeur, sa voix, son souvenir,
Tout mensonge qu'il est, ne le fasse pâlir....

Ces vers ont été évidemment écrits en 1793, à Versailles ou à Paris.

Ce n'est pas une raison pour que tous les fragments d'*Hermès* aient été écrits au même temps ; mais c'est une raison qui s'ajoute aux autres pour faire supposer que le poète a travaillé à l'*Hermès* surtout à cette époque.

L'*Hermès* eût été très probablement la plus belle œuvre de Chénier, comme il a été sa « plus belle espérance ». C'est là que Chénier est tout à fait lui-même, comme dans ses autres productions de 1789-1794. C'est là qu'il applique ses théories nouvelles, si nettement formulées dans son poème de l'*Invention*; c'est là que, généralement sans imiter, il revêt de couleurs antiques des idées toutes modernes, qui sont de lui, qui sont sa pensée et son système, qui sont le résumé de ses études et surtout de ses réflexions de philosophe, d'historien, de paléographe, de sociologue, de psychologue et de moraliste; c'est là que ses études littéraires ne lui servent qu'à écrire à la façon des anciens et aussi bien qu'eux ; c'est là que « sur des pensers nouveaux » il fait précisément « des vers antiques. »

Le poème, selon Sainte-Beuve eût été divisé en trois chants. Selon moi, il en eût au moins compté cinq, étant données l'étendue et la diversité des matières, peut-être six, qui est un chiffre consacré et qui est celui de Lucrèce.

Le premier est intangible, ayant été fixé et délimité par Chénier lui-même dans son plan. C'est dans le reste de ce plan, non sectionné par Chénier, que Sainte-Beuve voyait deux chants et que j'en verrais plutôt quatre.

Le premier eût parlé de la Terre, de sa constitution et de son histoire. La Terre y eût été considérée comme un grand animal pourvue d'une âme qui la meut (*mens agitat molem...*). Les « cellules », comme nous disons maintenant, de ce grand organisme sont les atomes sans cesse tourbillonnant, passant, par la composition et la décomposition, de corps en corps

> Océan éternel où bouillonne la vie.

Après la constitution de la Terre, serait venue son histoire, les révolutions physiques, les soulèvements de l'écorce terrestre, les déluges, les grands animaux primitifs, enfin l'apparition des espèces végétales et animales que nous connaissons. Le chant se serait terminé, c'est Chénier qui le dit, par un

tableau de l'*Amour* présidant à la continuité universelle de la vie : « Il faut finir le chant I par une
magnifique description de toutes les espèces végétales et animales naissantes et, au printemps, la terre
prœgnans... alors

Que la terre est nubile et brûle d'être mère.

— Au chant II, d'après ma supposition, apparition
de l'homme, sa physiologie, sa psychologie, les différents âge de sa vie, la formation des *langues*
humaines. Les passions humaines auraient été étu-
diées dans cette partie. En philosophe du xviii° siècle,
Chénier aurait montré qu'en dernière analyse elles
vont et mènent plutôt au bien qu'au mal. L'esprit
général de ce chant, comme de tout le poème, du
reste, aurait été optimiste, et c'est peut être en cette
partie que Chénier eût placé ce beau vers isolé, destiné à l'*Hermès* :

Et si le bien existe, il doit seul exister.

— Au chant III, toujours d'après ma manière de
voir, eût été introduit un personnage fabuleux, un
« sage magicien » qui, autant qu'on le peut conjecturer, à la fois aurait représenté en lui l'histoire de
l'humanité et l'aurait racontée ; à la fois aurait « passé
par plusieurs métamorphoses propres à montrer
allégoriquement l'histoire de l'espèce humaine » et
aurait exposé et expliqué cette histoire même.
L'humanité aurait paru vivant d'abord sous la ter-

reur et dans la terreur, au milieu des redoutables forces naturelles et encore énigmatiques qui l'entouraient. De cette terreur sont nées les premières religions et superstitions :

Partout sur les autels j'entends mugir Apis,
Bêler le dieu d'Ammon, aboyer Anubis.

Puis aux époques de superstition, d'égarement et de terreur, auraient succédé les époques d'anarchie, de guerres sanglantes pour la domination d'un peuple sur un autre ou pour la domination d'une classe sur une autre classe. Le chant se serait terminé par un tableau des auditeurs l'oreille suspendue aux lèvres du « sage magicien ». Ainsi

Aux héros de la Grèce à Colchos appelés
Orphée expédiait les mystères sacrés
Dont sa mère immortelle avait daigné l'instruire.
Près de la poupe assis, appuyé sur sa lyre,
Il chantait quelles lois à ce vaste univers
Impriment à la fois des mouvements divers,
Quelle puissance entraine ou fixe les étoiles ;
D'où le souffle des vents vient animer les voiles :
Dans l'ombre de la nuit quels célestes flambeaux
Sur l'aveugle Amphitrite éclairent les vaisseaux.
Ardents à recueillir ces merveilles utiles,
Autour du demi-dieu les princes, immobiles,
Aux accents de sa voix demeuraient suspendus ;
Et l'écoutaient encor quand il ne chantait plus.

— Le quatrième chant eût été l'histoire de la civilisation scientifique. Dans un prologue qu'il a écrit à

peu de chose près, ce semble, tel qu'il devait rester,
Chénier eût chanté la grandeur de la nature vue par
l'artiste et interprétée par le savant.

Vue par l'artiste : le poète

> Cherche loin de nos murs, les temples, les palais
> Où la divinité lui révèle ses traits,
> Ces monts, vainqueurs sacrés des fureurs du tonnerre,
> Ces chênes, ces sapins, premiers-nés de la Terre.
> Les pleurs des malheureux n'ont point teint ces lambris ;
> D'un feu religieux le saint poète épris
> Cherche leur pur éther et plane sur leur cime...

Interprétée par le savant :

> Souvent mon vol, armé des ailes de Buffon,
> Franchit avec Lucrèce, au flambeau de Newton,
> La ceinture d'azur sur le globe étendue.
> Je vois l'être et la vie et leur source inconnue,
> Dans les fleuves d'éther tous les mondes roulants ;
> Je poursuis la comète aux crins étincelants,
> Les astres et leurs poids, leur forme, leurs distances,
> Je voyage avec eux dans leurs cercles immenses,
> Comme eux, astre, soudain je m'entoure de feux ;
> Dans l'éternel concert je me place avec eux.
> En moi leurs doubles lois agissent et respirent ;
> Je sens tendre vers eux mon globe qu'ils attirent.
> Sur moi qui les attire ils pèsent à leur tour...

Chénier aurait montré dans cette partie de son
œuvre que les inventeurs de religions, qu'il n'aime
point, n'en ont pas moins été les initiateurs de la
civilisation, qu'ils ont mis la Divinité dans leurs

préceptes pour les faire accepter des peuples; que
la foule a cru adorer le ciel en n'adorant qu'eux;
qu'ils ont ainsi introduit la vérité sous les voiles de
la fable :

> Mensonge généreux, glorieuse imposture,
> Quand au peuple trompé ce piége généreux,
> Lui rend sacré le joug qui doit le rendre heureux.

La période religieuse qui a suivi la période féti-
chique, prépare ainsi la période philosophique; et
l'état théologique qui a suivi l'état anarchique prépare de loin l'état rationnel. Je n'ai pas besoin de
dire que toute la « philosophie de l'histoire » d'Auguste Comte est contenue comme en germe, et plus
qu'en germe, dans ce chant de l'*Hermès*.

Chénier aurait montré ensuite l'humanité moderne,
ou plutôt l'humanité future sortant de cette lente
élaboration. Il aurait fait, comme il l'écrit dans ses
notes, « l'exposé du *Contrat social* et des principes
des gouvernements ». Il aurait expliqué la différence
essentielle qui existe entre l'homme à l'état sauvage ou anarchique et l'homme à l'état rationnel et
que cette différence c'est le progrès de la solidarité :
« Chaque individu dans l'état sauvage est un *tout
indépendant*; dans l'état de société il est partie du
tout; il vit de la vie commune. Ainsi dans le chaos
des poètes, chaque germe, chaque élément est seul
et n'obéit qu'à son poids; mais quand tout cela est

arrangé, chacun est un tout à part et, en même temps, une partie du grand tout. Chaque monde roule sur lui-même et roule aussi autour du centre. Tous ont leurs lois à part et toutes ces lois diverses tendent à une loi commune et forment l'Univers.... »

— Le chant V eût été consacré à la civilisation considérée sous son aspect artistique. Le premier des arts est celui de l'écriture ou plutôt de la représentation des idées par des figures. Ce chant eût évidemment commencé par le long morceau, très brillant, que Chénier avait écrit déjà entier, ou presque entier, sur cette question. On croit voir, à le lire que ce fragment est un morceau de début :

> Avant que des états la base fût constante,
> Avant que de pouvoir, à pas mieux assurés,
> Des sciences, des arts monter quelques degrés,
> Du temps et du besoin l'inévitable empire
> Dut avoir aux humains enseigné l'art d'écrire.
> D'autres arts l'ont poli ; mais aux arts, le premier,
> Lui seul, du vrais succès put ouvrir le sentier.
> Sur la feuille d'Égypte ou sur la peau ductile,
> Même, un jour, sur le dos d'un albâtre docile,
> Au fond des eaux formé des dépouilles du lin,
> Une main éloquente, avec cet art divin,
> Tient, fait voir l'invisible et rapide pensée,
> L'abstraite intelligence et palpable et tracée,
> Peint des sons à nos yeux ; et transmet à la fois
> Une voix aux couleurs, des couleurs à la voix.

L'écriture a dû naître du besoin qu'ont eu les hommes d'inscrire d'une façon permanente, par des signes précis, sur quelque chose de durable, leurs traités de paix ou d'alliances. Ils peignaient ou gravaient à ce propos leurs propres images,

> Ou celle du témoin, homme, plante ou rocher,
> Qui vit jurer leur bouche ou leur main se toucher.

De là ces monuments figurés qui remontent à une antiquité ténébreuse,

> De là, dans l'Orient ces colonnes savantes,
> Rois, prêtres, animaux, peints en scènes vivantes,
> De la religion ténébreux monuments,
> Pour les sages futurs laborieux tourments,
> Archives de l'État, ou des mains politiques
> Traçaient en longs tableaux les annales publiques.

Cette écriture synthétique a suffi longtemps, tant que les objets extérieurs et les faits extérieurs étaient la seule préoccupation essentielle et nécessaire des hommes « et que tout notre esprit était dans nos regards »; mais quand la pensée s'est repliée sur la pensée, quand l'homme s'est étudié lui-même, et ses sentiments et ses passions et ses idées, il a fallu imaginer une écriture analytique :

> Mais on vit, quand vers l'homme on apprit à descendre,
> Quand il fallut fixer, nommer, écrire, entendre
> Du cœur, des passions les plus secrets détours,
> Les espaces du temps ou plus longs ou plus courts

Quel cercle étroit bornait cette antique écriture.
Plus on y mit de soin, plus incertaine, obscure,
Du sens confus et vague elle épaissit la nuit.
Quelque peuple à la fin, par le travail instruit,
Compte combien de mots l'héréditaire usage
A transmis jusqu'à lui pour former un langage.
Pour chacun de ces mots un signe est inventé
Et la main qui l'entend du livre répété,
Se souvient d'en tracer cette image fidèle ;
Et, sitôt qu'une idée inconnue et nouvelle
Grossit d'un mot nouveau ces mots déjà nombreux,
Un nouveau signe accourt s'enrôler avec eux.

Le cinquième chant et le poème se seraient terminés par l'*Épilogue* que j'ai eu à citer plus haut.

On voit assez que ce poème eut été très vraisemblablement le plus beau poème philosophique de toute la littérature française. Je ne vois pas ce qui lui eût manqué. L'érudition de Chénier était complète, son sentiment de la nature, son sentiment de l'art, ses connaissances psychologiques et morales étaient poussées aussi loin qu'ils pouvaient l'être de son temps et du nôtre ; on a vu qu'il était penseur assez vigoureux pour devancer et annoncer très clairement Auguste Comte ; et le poème eût été écrit par un vrai poète. Il me semble qu'il eût résumé le XVIIIe siècle et ouvert magnifiquement le XIXe. Chénier ne se trompait point en considérant l'*Hermès* comme sa grande œuvre et celle où il devait mettre toute sa mesure. Quatre poètes de la fin du XVIIIe siècle ont eu cette idée, si naturelle à cette époque, difficile à réaliser à toute époque, d'un *de Natura rerum* français : Lebrun, Fontanes, Chénier, Delille. Aucun ne l'a exécutée. Seul Delille a écrit les *Trois règnes de la nature*, mais avec un génie peut-être trop inférieur au sujet.

Il me semble que ce qui eût quelquefois fait un peu défaut à l'*Hermès*, c'est encore la puissance poétique, ou plutôt l'éclat poétique nécessaire en un sujet aussi magnifique que celui-ci. Malgré tout le génie de Chénier, malgré les vers puissants ou brillants qui ne sont pas en petit nombre dans le projet de l'*Hermès* laissé par Chénier, cependant encore on peut dire qu'il y a à supposer que le poème eût été plus solide qu'entraînant et éblouissant. L'art de parler par images, de transformer les vérités scientifiques en « visions » vivantes qui ébranlent l'imagination tout en instruisant l'esprit, n'était peut-être pas encore complètement découvert. Que l'on compare, par exemple ce fragment de l'*Hermès* et ce morceau de Musset sur le même sujet :

Mais ces soleils assis dans leur centre brûlant,
Et chacun roi d'un monde autour de lui roulant,
Ne gardent point eux-même une immobile place.
Chacun avec son monde emporté dans l'espace,
Ils cheminent eux-même ; un invincible poids,
Les courbe sous le joug d'infatigables lois,
Dont le pouvoir sacré, nécessaire, inflexible,
Leur fait poursuivre à tous un centre irrésistible.

Voilà sans doute des vers exacts et d'un vigoureux
relief. Seulement Musset est poétique. Il jette une
âme dans les choses et il fait d'une loi physique un
sentiment et une passion, tout en étant, scientifique-
ment, presque aussi exact :

> J'aime — voilà le mot que la nature entière
> Crie au vent qui l'emporte, à l'oiseau qui le suit;
> Sombre et dernier soupir que jettera la terre
> Quand elle tombera dans l'éternelle nuit!
> Oh! vous le murmurez dans vos sphères sacrées,
> Étoiles du matin, ce mot triste et charmant!
> La plus faible de vous, quand Dieu vous a créées,
> A voulu traverser les plaines éthérées
> Pour chercher le soleil, son immortel amant;
> Elle s'est élancée au sein des nuits profondes;
> Mais une autre l'aimait elle-même; — et les mondes
> Se sont mis en voyage autour du firmament.

Il n'en reste pas moins que l'*Hermès* en son ensemble
eût été un poème que Musset, Lamartine ou Hugo, ou
Vigny lui-même eussent été parfaitement incapables
d'écrire, eût été le grand poème philosophique synthétique qui manque à la France, eût été quelque
chose comme les *Époques de la nature* avec le *Discours
sur l'Histoire universelle*, le tout en beaux vers, et que
sa perte est irréparable. — Si quelqu'un a besoin
d'être consolé, je dirai ma pensée de derrière la tête,
qui est que Chénier lui-même ne l'eût jamais achevé.

Tout en y songeant et y travaillant, Chénier laissait
couler sa veine nouvelle, son génie poétique enfin

personnel et tout à fait conforme à ce qu'il en avait
dit en son poème de l'*Invention*, dans quelques pièces
exquises en même temps que fortes, d'une délicatesse
et d'une profondeur qu'il n'avait pas connues encore.
Il fréquentait, près de Versailles, à « Luciennes »
(c'est-à-dire Louveciennes), Mme Pourrat et ses filles,
Mme Hocquart et Mme Lecoulteux. Cette dernière
lui inspira un sentiment respectueux et tendre qu'il
exprima en vers charmants. Les vers et particulièrement les vers lyriques naissaient pour Chénier du
sourire aimable et souffrant de cette jeune femme.

> Mai de moins de roses, l'automne
> De moins de pourpres se couronne,
> Moins d'épis flottent en moissons,
> Que sur mes lèvres, sur ma lyre,
> Fanny, tes regards, ton sourire
> Ne font éclore de chansons.

Il trouvait pour elle de ces vers légers et aériens,
aux sonorités chantantes, au rythme de vol d'oiseau,
qu'on ne connaissait plus depuis La Fontaine :

> Fanny, l'heureux mortel qui près de toi respire,
> Sait, à te voir parler et rougir et sourire,
> De quels hôtes divins le ciel est habité.
> La grâce, la candeur, la naïve innocence
>   Ont, depuis ton enfance,
> De tout ce qui peut plaire enrichi ta beauté.
> . . . .
> . . . . [belle ! »
> Je pense : Elle était là. Tous disaient : « Qu'elle est
> Tels furent ses regards, sa démarche fut telle,

> Et tels ses vêtements, sa voix et ses discours.
> Sur ce gazon assise et dominant la plaine,
>> Des méandres de Seine
> Rêveuse elle suivait les obliques détours.

Et Musset n'a pas mieux dit quand il murmurait en songeant à la femme aimée :

> De mille souvenirs en jaloux je m'empare...
> J'ouvre comme un trésor mon cœur tout plein de vous.

Il parcourait les jardins merveilleux et le parc magnifique et mélancolique de Versailles, qui étaient, en ce moment, singulièrement conformes à sa triste pensée. Il les saluait d'un sourire grave et doux qui fait songer à la grande manière, nonchalante et noble, de Lamartine :

> Tout a fui. Des grandeurs tu n'es plus le séjour.
> . . . .
>> Ah ! malheureux ! A ma jeunesse,
>> Une oisive et morne paresse
> Ne laisse plus goûter les studieux loisirs.
>> Mon âme, d'ennuis consumée,
> S'endort dans les langueurs ; louange et renommée
>> N'inquiètent plus mes désirs.
>
>> L'abandon, l'obscurité, l'ombre,
>> Une paix taciturne et sombre ;
> Voilà tous mes souhaits ; cache mes tristes jours,
>> Et nourris, s'il faut que je vive,
> De mon pâle flambeau la clarté fugitive
>> Aux douces chimères d'amours.

Puis sa pensée s'élargissait, malgré qu'il en eût, se reportait à la patrie déchirée, opprimée et désho-

norée, à toutes les folies et à tous les crimes qui se
déchaînaient sur cette terre qu'il avait tant chérie,
et il écrivait cette hymne *A la France* qui est un des
morceaux les plus aisés, les plus vastes et les mieux
coulants à pleines rives qu'ils nous ait laissés. C'est
là, après un tableau des beautés et des richesses du
sol français, qu'il jette un regard douloureux sur
les dernières années de la monarchie, qu'il déteste
les abus et les injustices de l'ancien régime, qu'il
rend hommage aux efforts restés vains des Malesherbes et des Turgot,

> Ministres dont le cœur a connu la pitié;

qu'il jette l'anathème à tout ce qui est oppression,
délation, arbitraire et injustice; et qu'il termine par
cette magnifique apostrophe à l'Équité :

> Toi donc, Équité sainte, ô toi, vierge adorée,
> De nos tristes climats pour longtemps ignorée,
> Daigne du haut des cieux goûter le libre encens
> D'une lyre au cœur chaste, aux transports innocents,
> Qui ne saura jamais par des vœux mercenaires.
> Flatter à prix d'argent des faveurs arbitraires;
> Mais qui rendra toujours, par amour et par choix,
> Un noble et pur hommage aux appuis de tes lois.
> De vœux pour les humains tous ses chants retentissent;
> La vérité l'enflamme et ses cordes frémissent
> Quand l'air qui l'environne auprès d'elle a porté
> Les doux noms des vertus et de la liberté.

Jamais le talent d'André Chénier n'avait été plus
plein, plus riche, ni plus libre; jamais il n'avait

été plus original et personnel; jamais il n'avait été plus conforme à la devise que Chénier avait énoncée quelques années auparavant : « L'art ne fait que des vers; le cœur seul est poète ». Après avoir donné à la France un Ronsard plus discret et plus fin; après lui avoir donné un Tibulle; voici qu'il lui promettait un Lucrèce et qu'il lui donnait un Lamartine naissant et qui aurait grandi. — *Si qua fata aspera rumpas*. Mais il devait mourir à l'âge même où Lamartine, après, lui aussi, s'être longtemps cherché, donnait au monde les *Méditations*.

CHAPITRE VII

LES DERNIERS JOURS

Sur la fin de l'année 1793, on ne sait pourquoi et peut-être seulement parce qu'on était en automne, ou peut-être seulement parce qu'il était moins souffrant, Chénier revient à Paris, chez ses parents, rue de Cléry. C'était le plus effroyable moment de la Terreur. Chénier ne semble pas s'en être inquiété. Depuis près d'un an, il n'écrivait plus. Je crois, il est vrai, qu'il se préparait à reprendre la plume. Il écrivait pour lui-même et en faisant son propre portrait l'admirable page suivante : « *Il* est las de partager la honte de cette foule immense qui en secret abhorre autant que lui ; mais qui approuve et encourage, au moins par son silence, des hommes atroces et des actions abominables. La vie ne vaut pas tant d'opprobre. Quand les tréteaux, les tavernes et les lieux de débauche vomissent par milliers des législateurs, des magistrats et des généraux d'armée qui sortent de la boue pour le bien de la patrie ; il a, lui, une autre ambition, et il ne croit pas démériter de sa patrie en faisant dire un jour : ce pays qui produisit alors tant de prodiges d'imbécillité et de bassesse, produisit aussi un petit nombre d'hommes qui ne renoncèrent ni à leur raison ni à leur conscience. Témoins des triomphes du vice, ils restèrent amis de la vertu et ne rougirent pas d'être gens de bien. Dans ces temps de violence, ils osèrent parler de justice; dans ces temps de démence, ils osèrent examiner; dans ces temps de la plus abjecte hypocrisie, ils ne feignirent point d'être des scélérats pour acheter leur repos aux dépens de l'innocence opprimée. Ils ne cachèrent point leur haine à des bourreaux qui, pour payer leurs amis et punir leurs ennemis, n'épargnaient rien; car il ne leur en coûtait que des crimes; — et un nommé A. C. fut un des cinq ou six que, ni la frénésie générale, ni l'avidité ni la crainte ne purent engager à ployer le genou devant des assassins couronnés, à toucher des mains sordides de meurtre et à s'asseoir à la table où l'on boit le sang des hommes ».

Le 14 ventôse de l'an II (7 mars 1794), il y eut un ordre du Comité de sûreté générale décrétant l'arrestation de Mme Pastoret, née Piscatory. Les commissaires chargés de l'exécution de cet ordre, s'étant rendus au domicile de Mme Pastoret, à Auteuil, ne l'y trouvèrent pas. Elle avait fui. Ils ne trouvèrent que M. Piscatory, M. Pastoret et

André Chénier. Ils soupçonnèrent celui-ci d'avoir averti Mme Pastoret et d'avoir favorisé sa fuite. C'était probable. Il y a une histoire de dame venue de Versailles, repartant pour Versailles et accompagnée au coche par André Chénier, que Chénier lui-même a racontée aux commissaires dans un premier interrogatoire et qui est restée obscure. Il ne déplairait pas de penser qu'un acte de dévouement envers une femme eût été la première cause occasionnelle de la mort d'André Chénier. Mais comme cet incident, d'abord est demeuré indistinct et ensuite n'a pas été relevé contre Chénier dans l'acte d'accusation, nous n'y insisterons pas davantage.

Toujours est-il que Chénier fut arrêté comme suspect, et emprisonné préventivement. Le 18 ventôse (11 mars) il fut interrogé à fond et minutieusement sur ses moyens d'existence, sur sa famille et ses relations, sur ses correspondances avec l'Angleterre, sur ses rapports avec la famille Picastory-Pastoret, sur sa conduite au 10 août 1792, sur sa santé, dont il donnait le mauvais état comme excuse de son abstention au 10 août. Le lendemain, son écrou à la prison de Saint-Lazare était officiellement enregistré. Il devait y rester quatre mois et treize jours.

Il s'y trouva, comme il était trop naturel, au milieu d'amis et de personnes avec qui il avait été en relations aux jours heureux : M. de Montalembert, M. de Montmorency, M. de Noailles, le prince de Rohan, le prince de Broglie, M. de Vergennes, M. d'Usson, M. de Montrond, Ginguené, Roucher le poète, les frères Trudaine, Mme de Saint-Aignan, Mlle de Coigny (ou plutôt Mme la duchesse de Fleury, née de Coigny, divorcée alors d'avec le duc de Fleury et qui devait, échappée aux prisons de la Terreur, épouser M. de Montrond, divorcer encore et mourir en 1820). Mme de Bonneuil, arrêtée aussi, était dans une autre prison.

C'est à l'honneur de Marie-Joseph Chénier si André resta si longtemps en prison et fut, à deux jours près, sur le point d'échapper à la mort. Il s'agissait de gagner du temps, de passer le plus tard possible devant le Tribunal révolutionnaire, étant à espérer que la Terreur et son tribunal ne dureraient pas toujours. Marie-Joseph se garda bien de faire une démarche au Comité de salut public, où il savait n'être pas aimé. Il en fit une, ou plusieurs, auprès du Comité de sûreté générale et obtint que le dossier d'André serait *dessous*, c'est-à-dire placé au-dessous des autres, de manière à arriver tardivement ou à ne pas arriver. — André attendit quatre mois et demi la mort ou la délivrance, probablement sans désirer ni craindre ni l'une ni l'autre.

Il fut ému, comme l'univers le sait, mais comme c'est notre devoir de le rappeler, des grâces touchantes de Mme de Coigny, alors âgée de vingt-trois ans, et que Mme Vigée-Lebrun, qui s'entendait en

portraits, nous dépeint ainsi dans ses souvenirs :
« comblée de tous les dons de la nature, douée d'un
visage enchanteur, d'une taille comme celle qu'on
donne à Vénus, d'un esprit supérieur, d'une âme
ardente et passionnée pour les arts ». Elle inspira à
Chénier le pur chef-d'œuvre intitulé la *Jeune Captive*
que nous ne citerons point, puisqu'il est dans toutes
les mémoires. Nous en dirons seulement que jamais
Chénier ne poussa plus loin l'art délicat et caché de
la composition et de l'ordonnance harmonieuse, ni
celui de faire naître, en quelque sorte, les images des
images, comme par une végétation et une floraison
naturelles ; et la *Jeune Captive* est bien à cet égard,
sans parler de la douce et tendre sensibilité qui y
règne, le triomphe même du naturel dans l'élégance.

Comme on le pense bien, sa colère et son indignation contre les hommes qui tenaient la France
asservie sous leur sanglant despotisme ne désar-
maient pas. A les avoir bravés avant d'être menacé
de mort par eux il avait gagné le droit de les
insulter et de les maudire du fond du cachot qu'ils
avaient fermé sur lui. Ses *Iambes* vengeurs s'éva-
daient de sa prison pour parvenir aux siens, qui les
ont conservés pour la postérité et pour l'immortalité.
C'était un genre de poésie tout nouveau en France
et même partout et qui ne rappelle bien précisément que les invectives brûlantes des prophètes

hébreux. C'est l'union intime de la satire et du lyrisme, c'est proprement la satire lyrique. Ni nous ne pouvons savoir si la Grèce l'avait connue, Archiloque étant perdu ; ni les Latins ni les peuples modernes ne l'ont possédée. Ils ont eu la satire oratoire, la satire qui est un discours, qui est un discours éloquent , en vers , avec Juvénal , avec Perse, avec d'Aubigné ; ils n'ont pas connu la satire lyrique avant les *Iambes* d'André Chénier et les *Châtiments* de Victor Hugo. — Chénier avait comme tourné autour de ce genre et autour de cette forme et en avait comme tenté l'accès, avant d'y entrer en vainqueur et de s'y rendre maître. Dans son ode « à Byzance », malencontreusement encombrée et alourdie de prétendues strophes pindariques, il avait essayé, vers la fin, d'une strophe où trois alexandrins encadrent et embrassent deux octosyllabes :

> Un vulgaire assassin va chercher les ténèbres ;
> Il nie, il jure sur l'autel ;
> Mais nous, grands, libres, fiers, à nos exploits funèbres,
> A nos turpitudes célèbres
> Nous voulons attacher un éclat immortel.

C'était l'iambe, mais arrêté dans son élan, dans sa course rapide, tous les cinq vers, par la chute et le repos de la strophe. Aussi, se débarrassant de cette entrave, tout à fait à la fin de la pièce, il avait comme lâché la bride à l'iambe et lui avait permis de courir, aussi loin qu'il le voulait, à travers une période prolongée et indéfinie.

> J'ai douze ans, en secret, dans les doctes vallées,
>   Cueilli le poétique miel.
> Je veux un jour ouvrir ma ruche tout entière;
>   Dans tous mes vers on pourra voir
> Si ma muse naquit haineuse et meurtrière.
>   Frustré d'un amoureux espoir
> Archiloque aux fureurs d'un belliqueux *iambe*
>   Immole un beau-père menteur;
> Moi ce n'est pas au col d'un perfide Lycambe
>   Que j'apprête un lacet vengeur.
>
> . . . .

Et, maître cette fois de son rythme, dont on voit qu'il a même trouvé le nom, pour son *Hymne sur l'entrée triomphale des Suisses du régiment de Châteauvieux*, il n'en avait pas cherché d'autre, ayant bien vu que ce rythme à la fois très net comme rythme et très indéterminé comme longueur du développement de la période poétique, est excellent pour un discours en vers tantôt périodique, tantôt coupé de cris, de gestes brusques et comme de sursauts. Je coupe ce morceau, selon les *mouvements successifs*, par des *blancs*.

> Salut, divin Triomphe, entre dans nos murailles!
>
>   Rends-nous ces guerriers illustrés
> Par le sang de Désille et par les funérailles
>   De tant de Français massacrés.

Jamais rien de si grand n'embellit ton entrée :
　　Ni quand l'ombre de Mirabeau
S'achemina jadis vers la voûte sacrée
　　Où la gloire donne un tombeau ;
Ni quand Voltaire mort et sa cendre bannie
　　Rentrèrent aux murs de Paris
Vainqueurs du fanatisme et de la calomnie,
　　Prosternés devant ses écrits.

Un seul jour peut atteindre à tant de renommée
　　Et ce beau jour luira bientôt,
C'est quand tu conduiras Jourdain à notre armée
　　Et La Fayette à l'échafaud.

. . . .

C'est dans ce même rythme qu'il versa ses éloquentes colères de Saint-Lazare. Elles sont impérissables comme la gloire, comme la justice et comme la beauté. Je ne considère pas ces quatre-vingt-quinze derniers vers à proprement parler comme des fragments, c'est-à-dire comme des morceaux détachés, dont l'un aurait trouvé sa place dans une pièce et l'autre dans une autre. Je les tiens pour des pièces d'un même poème, dont le plan avait été tracé soit sur le papier, soit dans l'esprit de l'auteur, qui sont disposés dans l'ordre qui aurait été celui du poème, et qui forment par conséquent un poème suivi et très ordonné, dans lequel seulement il reste des lacunes qui auraient été comblées.

Le poète d'abord peint l'état où il est. Il attend

la mort. Elle peut venir dans cet instant même où il écrit ce vers.

Comme un dernier rayon, comme un dernier zéphyre
       Anime la fin d'un beau jour,
Au pied de l'échafaud j'essaye encor ma lyre ;
       Peut-être est-ce bientôt mon tour.

. . . .

Puis il y a un grand couplet sur ses amis qui l'ont trahi, ou négligé, ou oublié ; et qui se termine par le souhait, moitié d'ironie, moitié de pitié : « Vivez, amis ; vivez contents…. Vivez, amis ; vivez en paix ». — Puis, en contre-partie et en réplique, il y a le grand couplet contre ses ennemis, sur son impuissance à les vaincre, avec appel à la vérité et à la justice.

Justice, vérité, si ma bouche sincère,
       Si mes pensers les plus secrets
Ne froncèrent jamais votre sourcil sévère,
       Et si les infâmes progrès,
Si la risée atroce, ou, plus atroce injure,
       L'encens de hideux scélérats
Ont pénétré vos cœurs d'une longue blessure ;
       Sauvez-moi ! Conservez un bras
Qui lance votre foudre, un amant qui vous venge.
       Mourir sans vider mon carquois,
Sans percer, sans fouler, sans pétrir dans leur fange
       Ces bourreaux barbouilleurs de bois,
Ces tyrans effrontés de la France asservie
       Egorgée !… O mon cher trésor,
O ma plume ! Fiel, bile, horreur, dieux de ma vie,
       Par vous seuls je respire encor.

Et enfin serait venu le couplet qui eût été plus long qu'il n'est sous nos yeux, sur la perte que fait la justice et la liberté par la disparition de celui qui leur était un appui, un apôtre et un vengeur, et sur la résignation stoïque en face de la mort imminente et acceptée. Il avait écrit en prose, quelques mois auparavant, sans doute, dans ses papiers intimes : « Il est beau, *il est même doux*, d'être opprimé pour la vertu. » Il écrit maintenant :

> Quoi ! Nul ne restera pour attendrir l'histoire
> Sur tant de justes massacrés ;
> Pour consoler leurs fils, leurs veuves, leur mémoire ;
> Pour que des brigands abhorrés
> Frémissent aux portraits noirs de leur ressemblance ?
> . . . .
> Allons ! étouffe tes clameurs ;
> Souffre, ô cœur gros de haine, affamé de justice !
> Toi, Vertu, pleure si je meurs !

Je ne songe pas à affaiblir de tels accents par un commentaire.

A la fin de floréal, c'est-à-dire en mai 1793, survint ce qu'on a appelé la Conspiration des prisons ; c'est-à-dire que le Comité de sûreté générale découvrit ou supposa un vaste complot avec ramifications de prisons en prisons et des prisons avec le dehors, ayant pour but l'évasion des prisonniers ou la conquête des prisons par l'émeute. Il y eut des enquêtes dans les différentes geôles et des listes dressées de suspects parmi les prisonniers, c'est-à-dire de suspects parmi les suspects. Il y en eut une à Saint-Lazare et le nom de Chénier y fut inscrit. Puis intervint la loi du 22 prairial, supprimant les formalités au Tribunal révolutionnaire. La Terreur devenait folle furieuse. Selon le vœu de la loi de Prairial, on commença à « vider les prisons », plus activement encore qu'on ne l'avait fait jusqu'à ce jour. On commença par vider Bicêtre; puis on vida le Luxembourg. La mort approchait de Chénier à pas rapides. M. Louis Chénier fit des démarches, peut-être imprudentes. Il supplia, entre autres, Barrère. Barrère s'attendrit, promit et ne fit rien. Le jour n'était pas venu où il devait trouver qu'il y avait de la prudence dans l'audace. — Au commencement de thermidor on vida les Carmes. Enfin le 5, le 6, le 7 thermidor, on vida Saint-Lazare. André ne fut pas du 5, il ne fut pas du 6. Pendant ce temps-là une vraie conspiration préparait la chute de Robespierre. Marie-Joseph, M. Louis Chénier, André lui-même, peut-être, purent espérer jusqu'au dernier moment. André fut du 7. Le 7, au matin, il comparut devant le tribunal révolutionnaire, avec vingt-six autres victimes, dont était Antoine Roucher, le poète.

André Chénier était accusé « de s'être déclaré ennemi du peuple, en participant à tous les crimes commis par le tyran, sa femme et sa famille dans les

journées du 28 février 1791, des 20 juin et 10 août
1792, en insultant les patriotes, en approuvant le
massacre du Champ de Mars et les tyrannies exer-
cées sur les patriotes qui avaient échappé au massacre ; *en écrivant contre la fête de Châteauvieux*,
contre la liberté et en faveur de la tyrannie ; *en entre-
tenant des correspondances avec les ennemis intérieurs
et extérieurs de la République*, en discréditant les
assignats ; enfin en conspirant dans la maison d'arrêt
de Saint-Lazarre à l'effet de s'évader et de dissoudre,
par le meurtre et l'assassinat des représentants du
peuple, notamment des membres du Comité de Salut
Public et de Sûreté générale, le gouvernement répu-
blicain et rétablir la royauté en France ».

La précipitation et l'incurie était telles dans l'ad-
ministration de la prétendue justice révolutionnaire
qu'André Chénier était même accusé d'avoir pris
part à la trahison de Dumouriez et d'avoir jeté la
perturbation dans la commune de Breteuil-sur-Noye.
Ces chefs d'accusation concernaient son frère, Sauveur, interné dans une autre prison et que le 9 thermidor devait sauver. On s'aperçut de cette confusion
et l'on se contenta de rayer dans l'acte d'accusation
d'André ce qui était relatif à Sauveur. André Chénier fut condamné sans être entendu, comme tous
les autres, le 7, dans la matinée.

Le soir même, 7 thermidor, à six heures, il était
exécuté, non pas sur la place de la Révolution,

comme l'ont cru plusieurs écrivains, notamment Vigny, mais sur la place de la Barrière Renversée (place du Trône) où l'on exécutait depuis quelques semaines. On ne sait rien absolument sur les derniers moments de Chénier. Une légende, qui est peu vraisemblable, puisque Chénier avait été pendant plusieurs mois le compagnon de Roucher à Saint-Lazare, voulait qu'André, *rencontrant* Roucher sur la charrette lui eût dit :

> Oui, puisque je retrouve un ami si fidèle,
> Ma fortune va prendre une face nouvelle,
> Et déjà son courroux semble s'être adouci
> Puisqu'elle a pris le soin de nous rejoindre ici.

Une autre veut que Chénier regardant l'échafaud et près d'y monter se soit écrié en touchant son front : « J'avais pourtant quelque chose là ! » — Il avait parlé, dans ses *Réflexions sur l'esprit de parti*, de « ces hommes vaguement accusés qui, suivant l'expression de ce sage et vertueux Tacite, condamnés sans être entendus, meurent comme meurt un innocent ». — Il avait dit de Cicéron : « Sa mort fut d'un citoyen, comme sa vie ».

Quarante-cinq heures après, Robespierre était renversé. Pendant la réaction thermidorienne, Marie-Joseph Chénier fut mille fois accusé d'avoir contribué à la mort de son frère; Rivarol, dit-on, appela Marie-Joseph : « Le frère d'Abel Chénier », ce qui était une incrimination aussi injuste que la mort même d'André Chénier. La vérité, parfaitement prouvée, est que Marie-Joseph avait fait tout ce qu'il avait pu en faveur de son frère et un peu plus que la prudence n'eût conseillé de faire. Il se défendit éloquemment dans sa belle *Épitre sur la Calomnie*, qui se termine par le vers célèbre :

Et ton jeune laurier grandira sous nos pleurs.

Et Mme Chénier protesta fermement par une lettre publique qui fut insérée dans les journaux du temps, et qui, sans doute, ne laisse pas d'être dictée par la passion que Mme Chénier avait pour Marie-Joseph, mais qui a tout à fait l'accent de la sincérité absolue. — Tout ce qu'on connaît, du reste, de Marie-Joseph, homme désordonné et de mœurs relâchées, mais homme de cœur, plaide plutôt pour lui.

CHAPITRE VIII

ANDRÉ CHÉNIER APRÈS SA MORT

André Chénier, quand il est mort, était célèbre et
inconnu. Tout le monde savait son nom et qu'il faisait de beaux vers dans la manière de Lebrun-Pindare. On ignorait totalement sa vraie manière et son
génie. Il n'avait publié exactement que *le Jeu de
Paume, l'Hymne pour l'Entrée triomphale des Suisses
révoltés du régiment de Châteauvieux*, *l'Avis aux Français sur leurs véritables ennemis* et ses articles du
Moniteur et du *Journal de Paris*, dont nous avons
donné des extraits. Il avait gardé en portefeuille tous
ses autres écrits, même les poèmes parfaitement
achevés, dans tous les sens du mot, comme l'*Aveugle*,
la *Liberté*, le *Jeune malade*, etc. Il considérait sans
doute ces œuvres mêmes comme devant être rema-
niées ou corrigées. Remarquons, du reste, qu'il les
tenait peut-être pour des *juvénilia*, pour des œuvres
d'apprentissage, et qu'il ne les aurait peut-être pas
publiées, puisque sa poétique a changé, et puisqu'il

ne croyait plus, vers 1788, qu'il fallût faire des vers modernes sur des sujets antiques. Toujours est-il qu'en 1794 le véritable André Chénier était, par sa faute ou par son dessein, complètement inconnu des hommes.

Il ne le fut pas très longtemps. Il se révéla de 1794 à 1819 par morceaux, par fragments, par apparitions successives et fugitives. Six mois après sa mort, le 20 nivôse an III (décembre 1794), la *Jeune Captive* fut publiée par la *Décade philosophique*. Elle fut reproduite plus tard, et par l'*Almanach des Muses de l'an IV* et par le *Magasin Encyclopédique* de l'an VIII. — La *Jeune Tarentine* fut publiée dans le *Mercure* du 1ᵉʳ germinal an IX (1801).

En 1802, Chateaubriand publia plusieurs morceaux inédits d'André Chénier dans le *Génie du Christia- nisme*. Il avait fréquenté beaucoup et il fréquentait encore Fontanes, Joubert, qui avaient connu André Chénier, Mme de Beaumont, qui avait été l'amie de Mme Hocquart, sœur de Mme Lecoulteux, et qui connaissait Marie-Joseph. C'est sans doute par Mme de Beaumont qu'il eut communication de ces quelques fragments qu'il dit « avoir retenus de mémoire ». Toujours est-il qu'il écrit avec une sin- gulière justesse de goût :

« La Révolution nous a enlevé un homme qui promettait un rare talent dans l'églogue; c'était M. André Chénier. Nous avons vu de lui un recueil d'idylles manuscrites où l'on trouve des choses dignes de Théocrite. Cela explique le mot de cet infortuné jeune homme sur l'échafaud. Il disait en se frappant le front : « Mourir! J'avais quelque chose là! » C'était la Muse qui lui révélait son talent au moment de sa mort.... Voici quelques fragments... qui semblent être échappés à un poète grec. »

Suivaient presque tout le fragment : « Souvent las d'être esclave et de boire la lie... » avec quelques variantes insignifiantes (on ne s'étonnera pas que Chateaubriand ait noté ce passage, qu'il eût été capable d'écrire en prose, et que, de fait, il a écrit en prose plusieurs fois à très peu près), et cet autre fragment qui est moins dans le goût ordinaire de Chateaubriand :

> Accours, jeune Chromis, je t'aime et je suis belle,
> Blanche comme Diane et légère comme elle ;
> Comme elle grande et fière ; et les bergers, le soir,
> Lorsque, les yeux baissés, je passe sans les voir,
> Doutent si je ne suis qu'une simple mortelle,
> Et, me suivant des yeux, disent : « Comme elle est
> Néère ne va point te confier aux flots,   [belle ».
> De peur d'être déesse et que les matelots
> N'invoquent, au milieu de la tourmente amère,
> La blanche Galathée et la blanche Néère.

Chateaubriand ajoutait : « Les écrits de ce jeune homme, ses connaissances variées, son courage, sa noble proposition à M. de Malesherbes [de prononcer la défense de Louis XVI], ses malheurs et sa mort, tout sert à répandre le plus vif intérêt sur sa mémoire. Il est remarquable que la France a perdu, sur la fin du XVIIIe siècle, trois beaux talents à leur aurore : Malfilâtre, Gilbert et André Chénier : les deux premiers sont morts de misère, le troisième sur l'échafaud ».

On peut dire que c'est à partir de *Génie du Christianisme* (1802) que la curiosité littéraire a commencé à être réveillée sur André Chénier.

Millevoye, de son côté, avait beaucoup lu André Chénier manuscrit, étant un assidu de Mme La Bouchardie, qui était l'amie intime de Marie-Joseph. Il s'en souvint, et un peu trop. Il publia des fragments de l'*Aveugle* dans les notes de l'édition de ses œuvres (1814) et, ce qui est moins légitime, il imita beaucoup de vers d'André Chénier dans ses propres écrits. On trouvera ces rapprochements dans l'Introduction de l'édition de Becq de Fouquières.

En 1814, les manuscrits d'André étaient passés des mains de Marie-Joseph, mort en 1811, à celles de Daunou. Chénedollé les vit, en fut ému et songea à les publier. Il écrivait à Daunou (5 octobre 1814) : « En me communiquant les manuscrits d'André Chénier vous m'avez procuré, monsieur, un des plaisirs poétiques les plus vifs que j'aie éprouvés depuis longtemps. Il y a, *dans les Élégies surtout*, des choses du plus grand talent, des choses admirables. Il ne faut pas qu'un tel trésor reste enfoui. Je vous conjure, monsieur, au nom de tous les gens de goût, que vous occuper d'une édition de cet infortuné jeune homme, plein d'un talent si beau et si vrai. C'est un monument à élever à ses mânes et pour lequel, comme j'ai eu l'honneur de vous le dire, je vous offre tous mes soins. Ayez donc la bonté de m'en écrire et nous nous concerterons pour cela ». — Le projet fut provisoirement abandonné.

En 1816 parut un volume de morceaux choisis, procuré par Fayolle, ayant pour titre : *Mélanges littéraires, composés de morceaux inédits de Diderot, Caylus, Thomas, Rivarol, André Chénier....* Fayolle tenait évidemment les « morceaux » de Chénier de l'obligeance de Daunou. Je n'ai pas pu retrouver ce volume.

En 1819 enfin, Daunou confia une partie des manuscrits qu'il possédait et le soin de les publier à Thabaud de Latouche, dit Henri de Latouche, jeune poète et dramatiste qui donnait alors des espérances insuffisamment réalisées depuis. Latouche crut devoir remanier les poésies qui lui étaient confiées, corriger quelques expressions jugées un peu triviales, substituer quelques rimes à des rimes estimées trop faibles, déplacer l'ordre des vers, notamment dans le dernier poème de Saint-Lazare, surtout supprimer des morceaux entiers, tenus pour faibles, non sans raison, du reste; car il avait du goût. L'édition de Latouche n'a donc rien de scientifique. Mais il ne faudrait pas dire qu'elle soit criminelle. Elle est très diligente et très fidèle, au travers des interventions trop officieuses. Elle ne pèche que par trop de soin à présenter un André Chénier purgé des taches qui auraient pu désobliger un peu le public de 1819. Ce qu'il y a de plus faux c'est le titre : *Œuvres complètes d'André Chénier*. L'édition de 1819, même pour ce qui était œuvres en vers, était loin d'être complète.

Le succès fut très grand. La terrible épreuve d'une publication en retard de vingt-cinq ans ne fut nullement nuisible à André Chénier. Je crois même qu'elle lui fut très favorable. André Chénier est d'une part un ronsardisant, d'autre part, en une faible mesure, mais sensible encore, un précurseur des romantiques, par sa mélancolie, par son goût d'une certaine simplicité qui ne recule pas devant le mot propre et quelquefois rustique, par ses tendances du côté du poème philosophique, enfin par ses hardiesses de rhythme, de coupes, de césures et d'enjambement. Ce n'est presque rien à nos yeux; c'était beaucoup aux yeux des lecteurs de 1819. Or, en 1819, d'une part on commençait à revenir au moyen âge, sous l'influence de Chateaubriand, et Ronsard, qui n'est aucunement du moyen âge, du moins avait pour la génération d'alors un parfum archaïque qui ne déplaisait point; d'autre part les romantiques naissants se sentaient attirés vers un poète souvent triste, parfois gémissant, élégiaque, souvent « personnel », hardi du reste, indépendant et original et qui, tout

au moins, ne ressemblait pas à Boileau, ni à Voltaire.
Le succès fut prompt, décidé, et presque aussi considérable que celui de Lamartine l'année suivante.
Les deux grands poëtes élégiaques, les deux « Racine
de l'Élégie » (nom dont on avait salué Parny, bien à
tort) devaient se lever en même temps au ciel poétique.

La même année (1819), Latouche avait publié les
Œuvres en prose, c'est-à-dire l'*Avis aux Français*, et
les articles du *Moniteur* et du *Journal de Paris*. En
1824 et en 1826, il y eut de nouvelles éditions, peu
surveillées et très fautives, des Œuvres en vers;
en 1829 et 1830 des éditions auxquelles Latouche
avait mis la main et qui étaient plus correctes et un
peu plus complètes que la première.

En 1839 une nouvelle édition plus complète que
les précédentes fut procurée par Latouche, cette fois
en collaboration avec Sainte-Beuve. Elle contenait
les fragments et le plan de l'*Hermès*, jusque-là resté
en portefeuille et dont Sainte-Beuve avait eu communication.

En 1842 le public connut le *Commentaire sur
Malherbe*. Ce commentaire consistait en notes mar-
ginales que Chénier avait écrites sur son exemplaire
de Malherbe (édition Barbou, 1776). Cet exemplaire
avait été découvert par M. Tenant de Latour.
MM. Antoine et Tenant de Latour le publièrent, joint
à une édition de Malherbe. On le trouvera maintenant dans l'édition des *Poésies de Malherbe accompa-*

gnées du commentaire d'André Chénier (et de quelques autres) par Becq de Fouquières (Charpentier, 1874). J'ai eu sous les yeux l'exemplaire même qui appartenait à Chénier et où il a écrit ses notes, de son écriture fine et tassée d'archiviste, et qui appartient à M. A. de Naurois. Un détail amusant. A la page 61 il y a une large tache d'encre. André Chénier a annoté la tache de la façon suivante : « J'ai prêté il y a quelques mois ce livre à un homme qui l'avait vu sur ma table et me l'avait demandé instamment. Il vient de me le rendre (en 1781) en me faisant mille excuses. Je suis certain qu'il ne l'a pas lu. Le seul usage qu'il en ait fait a été d'y renverser son écritoire, peut-être pour me montrer que lui aussi il sait commenter et couvrir les marges d'encre. Que le bon Dieu lui pardonne et lui ôte à jamais l'envie de demander des livres ».

En 1862 parut l'édition Becq de Fouquières, avec introduction et commentaire continu, admirable édition critique et savante, qui est restée, quoique maintenant incomplète, l'édition considérée comme classique d'André Chénier. En 1874 parut celle de Gabriel de Chénier, fils de Sauveur Chénier, qui possédait des manuscrits inconnus du public. Cette édition, plus complète que celle de Becq de Fouquières et qui contient tous les *vers* de Chénier qui ont été conservés, a cet incontestable avantage qu'elle est intégrale. Elle contient non seulement de petits fragments qui étaient ignorés de Becq de Fouquières, mais encore des pièces d'une assez grande étendue qu'il ignorait également, comme celle qui commence par : « Salut, ô belle nuit étincelante et sombre ». Malheureusement cette édition est confuse, mal ordonnée, et le commentaire qui l'accompagne est loin d'être, comme celui de M. Becq de Fouquières, l'ouvrage d'un savant et d'un homme de goût. L'édition de M. Gabriel de Chénier doit servir de supplément à celle de M. Becq de Fouquières.

En 1900, enfin, M. Abel Lefranc, ayant dépouillé les manuscrits déposés à la Bibliothèque Nationale, a publié : 1° dans les numéros du 15 octobre 1900 et du 1ᵉʳ novembre 1900 de la *Revue de Paris*, un ouvrage complet d'André Chénier, la *Perfection des Arts*, dont nous avons tiré beaucoup de textes pour la première partie de ce volume ; 2° dans le numéro du 5 mai 1900 de la *Revue Bleue*, une courte dissertation intitulée *Apologie* ; 3° dans le numéro d'avril-juin 1901 de la *Revue d'histoire littéraire de la France*, quelques fragments divers, notes sur les auteurs anciens et modernes, notes sur l'histoire religieuse, etc. Et ce ne sont là que des extraits des manuscrits de la Bibliothèque Nationale. Il y a encore de l'André Chénier inédit. Une édition complète d'André Chénier reste à faire.

Revenons maintenant en arrière pour tracer rapidement l'histoire de l'apparition successive des manuscrits, histoire qu'il est naturel que nous placións après celle des éditions, puisqu'elle n'est pas terminée et qu'au contraire une nouvelle phase en commence au moment où nous écrivons. Il y a à considérer trois groupes de manuscrits d'André Chénier :

Le *premier groupe* est celui que Daunou possédait et qu'il tenait depuis 1811 de la main de Marie-Joseph Chénier et *qu'il a publié* par les soins d'Henri de Latouche. Ce groupe est devenu la propriété de Latouche à partir de 1819. Il l'a conservé jusqu'à sa mort, arrivée en 1851. Il l'a laissé à Mlle de Flaugergues, son amie, qui habitait avec lui au hameau dit La Vallée aux Loups, sur la commune d'Aulnay, près Sceaux. En 1870, Mlle de Flaugergues prit la fuite devant l'invasion. Quand elle revint elle ne trouva plus qu'une ruine. Sa maison avait été brûlée. Qu'étaient devenus les manuscrits? Avaient-ils été volés avant l'incendie ou avaient-ils été brûlés avec le reste de la maison? Des recherches et enquêtes faites en Allemagne, notamment par les soins de M. José-Maria de Heredia, conduisent à croire qu'ils n'existent plus, et que tout soin à les trouver serait inutile. Cette perte est grande; mais remarquez qu'il s'agit des manuscrits *publiés* par Henri de Latouche, et revus par Becq de Fouquières, et non pas, ce qui serait déplorable, de manuscrits inédits.

Le *second groupe* faisait partie également des manuscrits légués par Marie-Joseph Chénier à Daunou. Seulement en 1819 ils n'allèrent pas à Latouche ; ils allèrent à la famille Chénier, et ce sont eux que Gabriel de Chénier, puis sa veuve, conservèrent jusqu'à la mort de cette dernière. Mais il faut faire une subdivision. De ce second groupe, Gabriel de Chénier a publié une partie dans son édition de 1874, et il en a laissé inédite une autre, ce qui nous fait : *second groupe* : manuscrits possédés longtemps inédits par Gabriel de Chénier ; *troisième groupe* : manuscrits possédés inédits par M. Gabriel de Chénier pendant toute sa vie et laissés inédits par lui et par sa veuve.

Le second groupe a été peu lu, même peu *vu* jusqu'en 1874, gardé qu'il était très jalousement par G. de Chénier. En 1839, Sainte-Beuve put obtenir l'*Hermès* et, comme j'ai dit plus haut, le publia en collaboration avec M. H. de Latouche. En 1840, Paul Lacroix put le feuilleter et en publier quelques fragments. En 1862, Becq de Fouquières fut admis à le voir ; mais sans obtenir l'autorisation d'en rien publier ; d'où vinrent ses colères contre G. de Chénier et le commencement d'une animosité réciproque qui ne désarma jamais. En 1867, Émile Egger put y jeter un coup d'œil furtif et en fit son profit pour un article de la *Revue des Cours et Conférences* et pour son *Hellénisme en France*. En 1869, Guillaume Guizot, dans une de ses leçons au Collège de France, en donna quelques vers qu'il avait quasi dérobés.

En 1874, il était publié par G. de Chénier dans sa grande édition en trois volumes. Becq de Fouquières n'eut pas de peine à voir que cette édition devait être assez fautive et demanda à voir les manuscrits, au moins ceux qui maintenant étaient publiés. Il n'obtint rien.

Restait le troisième groupe, les manuscrits possédés par G. de Chénier et qu'il n'avait pas publiés. Ils ne contenaient que de la prose. Il les garda, les montrant encore moins qu'il n'avait montré les précédents, jusqu'à sa mort (1880). Il les légua à sa veuve. Il fallait attendre la mort de Mme de Chénier. Elle mourut en 1892. Elle légua tous les manuscrits, tant ceux qui avaient servi à l'édition de 1874 (second groupe) que ceux qui n'avaient jamais vu les presses (troisième groupe), à la Bibliothèque Nationale; mais avec ordre de ne les laisser ouvrir et voir que sept ans après sa mort. Il fallait attendre jusqu'en 1899. En 1899, le délai expirait, les manuscrits étaient délivrés, tout le monde les pouvait voir.

Ils forment quatre liasses. Les trois premières sont les manuscrits qui ont servi à l'édition de 1874 (second groupe); la quatrième est composée de la *Perfection des arts*, de l'*Apologie*, d'une multitude de notes sur tous sujets, de projets de pièces et plans d'ouvrages. C'est de là que M. Abel Lefranc a tiré tout ce qu'il a publié jusqu'à ce jour; il y a encore beaucoup à y puiser.

Restent encore les lettres de Chénier. On en a
très peu. On peut en trouver au hasard des ventes
d'autographes et des découvertes de vieilles archives
et vieux papiers. On sait qu'on retrouve encore des
lettres de Voltaire et même de Mme de Sévigné.

De la « littérature » d'André Chénier, comme
disent les Allemands, c'est-à-dire de ce que l'on a
écrit sur lui, je ne dirai que l'essentiel, c'est-à-dire
ce qui servira à tracer sommairement, après l'histoire de ses éditions et l'histoire de ses manuscrits,
l'histoire du succès de ses œuvres. J'en ai dit déjà
quelques mots. En 1819 le succès fut grand. Il ne fut
pas unanime. Si Loyson dans le *Lycée français*,
en 1819; J. Raynouard dans le *Journal des Savants*,
en 1819, et Népomucène Lemercier dans la *Revue
encyclopédique*, en 1819, furent très favorables; R...,
(signature commune à plusieurs rédacteurs), dans le
Journal des Débats, consacra au nouveau poète deux
articles très peu gracieux, qui marquent bien l'humeur et le tour d'esprit des classiques d'alors. Le
30 août 1820, il écrivait pour présenter fortement
au lecteur la difficulté du sujet : « Allez-vous res-
susciter ces galants bergers de l'Italie et de la
Sicile...? Vous ne pouvez que copier Virgile et
Théocrite. Voulez-vous nous présenter nos cam-
pagnes et leurs habitants tels que nous les voyons
tous les jours? Ce paysan mal vêtu, ce vigneron

courbé par le travail, qui défrichent péniblement une terre sablonneuse pour payer le percepteur et partager un mauvais pain noir avec sa femme plus noire encore, peuvent bien devenir dans vos vers un objet de pitié, mais jamais des objets qui nous charment. Que direz-vous de nos bergers? Je le demande à tous les parisiens qui ont franchi une seule fois les barrières. Ces espèces de sauvages couverts de peaux, endurant avec une indifférence stupide le froid et la chaleur, rossant leurs malheureux chiens pour passer le temps, peuvent bien inspirer de la commisération, mais jamais un seul hémistiche. Et nos bergères, grands dieux, fut-il jamais rien de plus anti-poétique? Comment rendre agréables ces grosses brunes, aux bras musculeux, à la peau sèche et brûlée, à la gorge flétrie, dignes Galatées de ces Corydons qui leur font la cour comme le bélier la fait à ses brebis? »

A la date où ces lignes étaient écrites, George Sand avait dix-huit ans.

L'article du 6 octobre 1820 avait pour objet, non plus la matière d'André Chénier, mais sa technique : « Le défaut le plus fréquent d'André Chénier est de briser ses vers par des coupes bizarres pour produire des effets. Ce défaut avait été mis à la mode par un grand poète, M. Delille, dans ses *Géorgiques*. Il y essaya souvent de faire passer dans notre poésie ces sortes de coupes et de césures qu'admet la poésie latine. Ce qu'il avait fait par nécessité, ses nombreux imitateurs le firent par système.... »

En 1823, le très jeune Victor Hugo salua avec respect et enthousiasme André Chénier par plusieurs articles de la *Muse française* qu'on retrouvera rassemblés dans *Littérature et philosophie mêlées*.

En 1829, Sainte-Beuve, porte-parole alors du groupe romantique, fit brillamment le panégyrique d'André Chénier dans la préface des *Pensées de Joseph Delorme* et dans son article de la *Revue de Paris : Mathurin Régnier et André Chénier*, qu'on retrouvera dans ses *Portraits littéraires*. Comme tous ses amis d'alors, Sainte-Beuve considérait André Chénier comme un romantique. Il n'y a rien de plus faux ; mais rien qui s'explique mieux. D'abord toute école nouvelle se cherche des ancêtres et les choisit sur des analogies apparentes et superficielles. Les ronsardisants, pour combattre l'école de Marot et de Saint-Gellais, remontent à Lemaire de Belge, et même à Guillaume de Lorris, et se réclament d'eux, avec qui ils n'ont vraiment aucun rapport. L'école de 1660, pour combattre et les pompeux et les précieux de 1630, remonte à Malherbe et à Racan, à qui vraiment elle ne ressemble guère. L'école de 1825 se cherchait partout des ancêtres, au moyen âge, au XVIᵉ siècle ; elle en trouvait un plus rapproché d'elle et elle s'empressait de le présenter, non plus

comme un ancêtre, mais comme un *précurseur*. Il
pouvait à la rigueur passer pour tel, comme je l'ai
dit, pour un peu de mélancolie, un peu de « littérature personnelle » et quelque hardiesse de rythme.
Il pouvait passer pour tel comme ronsardisant, et
comme en 1828, dans son *Tableau de la poésie française au XVIe siècle*, Sainte-Beuve « tira à lui » et
aux romantiques les poètes de la Pléiade, *déjà*,
en 1824, dans la *Muse française*, dans le Journal de
Victor Hugo, Charles Nodier disait : « *Nous écrivons
comme Ronsard et du Bartas, et c'est ce que nous
reprochent les classiques. Or Ronsard et du Bartas
étaient des classiques renforcés* ». Il a raison de dire
que Ronsard et même du Bartas étaient des classiques ; il a tort de croire que les romantiques écri-
vent comme eux ; mais il le croit et ses amis le
croient, et dès lors quoi d'étonnant à ce que les
romantiques enrégimentent parmi eux Chénier, qui
est un ronsardisant, quand ils y enrégimentent Ronsard lui-même ? Tout le *Tableau de la poésie française*
de Sainte-Beuve et jusqu'à ce singulier rapprochement de « Mathurin Régnier et Chénier » dans l'article de 1829, malgré les précautions oratoires que
Sainte-Beuve est trop fin pour ne pas prendre, ne
sont que le développement de la ligne de Charles
Nodier citée plus haut.

Et enfin, qu'on y songe bien, ce sont les romantiques, et tout naturellement, qui ont su le moins,

de 1820 à 1830, ce que c'était qu'un romantique. Toutes les écoles nouvelles en sont là. De 1890 à 1900, Ibsen a été considéré en Allemagne comme un *réaliste*. Pourquoi? Simplement parce que la jeune littérature allemande de cette époque était réaliste et classait Ibsen dans ses rangs, ne voyant du reste dans Ibsen que ce qui répondait plus ou moins à la conception de l'art qu'elle avait en l'esprit et qu'elle caressait. De même en 1825 les romantiques classaient dans leur état-major des écrivains qui n'avaient rien de commun avec eux. J'ai cité souvent cette liste des romantiques dressée textuellement par Stendhal en 1823 : « Lamartine, Béranger, de Barante, Fiévée, Guizot, Lamennais, Cousin, général Foy, Fauriel, Daunou, P.-L. Courier, B. Constant, de Pradt, Étienne, Scribe ». En voici une autre qui a un caractère encore plus marqué et incontestable d'authenticité parce qu'elle est, en 1824, dans la *Muse française* elle-même : « Soumet, Lamartine, Ancelot, Casimir Delavigne, V. Hugo, Charles Nodier, Pichald, de Vigny ».

Qu'est-ce à dire? D'abord qu'une nouvelle école littéraire ne se démêle pas elle-même et ne démêle pas ses véritables représentants au moment qu'elle naît, ni même dans les premiers temps qu'elle se développe, ce qui se comprend aisément ; ensuite et surtout que, dans cet indiscernement, ou, si l'on veut dans cette vue confuse, une nouvelle école littéraire se définit par ses contraires, ce qui est une manière claire et commode, mais non point précise et définitive de se définir.

Et c'est ainsi que les romantiques appelaient romantique simplement *tout ce qui ne ressemblait pas à Voltaire*. C'est là qu'est la clef de leurs définitions et des définitions de leurs adversaires. Les classiques de 1820 ne se réclament qu'officiellement du xviie siècle; ils se réclament réellement, cordialement et du reste formellement et sans cesse de Voltaire.

C'est pour cela qu'ils sont « libéraux », et les romantiques, réactionnaires; ou c'est parce que les romantiques, sont réactionnaires qu'ils sont romantiques et parce que les classiques sont libéraux qu'ils sont classiques; mais peu importe, et la clef est là : les classiques sont des voltairiens qui ne sont partisans du xviie siècle que parce que Voltaire l'était, et ils n'ont que Voltaire en la bouche; les romantiques sont des disciples de Chateaubriand et du *Génie du Christianisme*, vantent Chateaubriand dans chacun de leurs articles et attaquent Voltaire à tout propos et hors de propos. Il y a dans la *Muse française* un article de Victor Hugo contre tout Voltaire, fond et forme, où le jeune poète reproche à Voltaire de « n'être pas lyrique », en s'appuyant sur l'autorité de de Maistre, d'être un cynique, d'être un *monstrum*, etc. Donc, pour les romantiques, est romantique tout ce qui ne ressemble pas à Voltaire. Or ils n'ont pas eu de peine à s'apercevoir qu'André Chénier n'avait aucune ressemblance avec Voltaire. Ils l'ont sacré romantique sans y regarder davantage. Sainte-Beuve, en 1829, exprimait exactement leur pensée.

Plus tard, averti par son goût, ayant pratiqué davantage André Chénier et réfléchi plus profondément sur sa manière, dégagé du reste de la chaîne, comme il a dit lui-même, qui l'attachait au romantisme, il a successivement, en trois articles qu'on retrouvera dans ses *Portraits littéraires*, dans ses *Portraits contemporains* et dans ses *Nouveaux Lundis*, redressé sa première vue sur André Chénier et a fini par le considérer avec raison comme le dernier des poètes humanistes, doué, du reste, d'assez de génie pour comprendre tout son temps et pour en prévoir et annoncer un autre.

Je m'arrêterai peu à l'article de Gustave Planche dans la *Revue des Deux Mondes* en 1838. Très bon critique pour tout ce qui est choses de goût et détails de style, Planche ne pouvait guère juger impartialement d'André Chénier, parce qu'il était dominé par cette idée, assez bonne en soi, trop obstinée et trop exclusive chez lui, jusqu'à y prendre les couleurs d'une passion de sectaire, qu'il ne faut imiter absolument personne, ni les anciens, ni les étrangers. Cela mettait Planche fort à l'aise pour attaquer

et les classiques, qui imitaient les anciens ou préten-
daient les imiter, et les romantiques qui imitaient
les étrangers ou se flattaient de s'inspirer d'eux pour
avoir l'air de les connaître ; et peut-être encore était-
ce le goût qu'avait Planche d'attaquer tout le monde
qui lui avait inconsciemment inspiré cette théorie ;
mais toujours est-il qu'elle le rendait incapable d'être
suffisamment juste pour le grand imitateur des anciens.

Saint-Marc Girardin, dans son *Cours de littérature
dramatique* (1843) revint, à multiples reprises, selon
les points de vue divers où il se plaçait, sur André
Chénier, et ne laissa échapper aucune occasion de le
louer ingénieusement et spirituellement. Nisard, dans
son *Histoire de la Littérature française*, a consacré à
André Chénier une dizaine de pages où il y a du vrai,
du faux, du contestable, de l'exquis, du médiocre et
du mauvais. Il y dit que « quand André vint à Paris
en 1782, Parny et Bertin y jouissaient de la faveur
publique », et en 1782, Chénier était depuis longtemps
à Paris, et Parny était encore très peu connu. Il fait
voyager André Chénier en Orient et André Chénier
n'y est jamais retourné depuis l'avoir quitté à l'âge
de cinq ans. Il parle des élégies « qui sont venues
ensuite sous l'inspiration d'un amour contrarié » et
peu d'amours ont été moins contrariées que celles
de Chénier, qui du reste ont été multiples. Il définit
assez mal, ce me semble, Chénier « le dernier-né des
poètes du XVIIe siècle », alors que Chénier a peu de

rapports avec le xvii° siècle et beaucoup plus avec le xvi°. — Mais il a bien vu, quoique il ait exagéré ce trait juste, que la poésie personnelle naît avec Chénier, et si au lieu de dire : « tout dans ses vers vient de l'homme », il avait dit : « l'homme, dans Chénier, commence à percer dans le poète », il serait, à mon avis, tout à fait dans le vrai. Il a bien saisi la différence immense qui existe entre l'élégie du xviii° siècle et l'élégie d'André Chénier et la muse « bourgeoise » de Bertin et la muse attique, même dans ses indiscrétions, de Chénier. Il a bien vu à quel point, quoique appartenant au xviii° siècle par ses idées, et encore avec indépendance, Chénier en est absolument indépendant par son génie et presque par son tour de style : « J'y cherche la part du xviii° siècle. C'est à peine si, çà et là, un hémistiche commun, une rime un peu maigre, un vers pensé, où l'on voudrait un sentiment, donnent la date du morceau ».

On doit regretter que Vinet, dans sa judicieuse et souvent profonde *Histoire de la Littérature au XVIIIe siècle*, ait omis de parler de Chénier. Émile Egger, avec sa solide érudition, la fécondité inépuisable de ses comparaisons et rapprochements et du reste un goût très sûr qui s'était affiné au commerce assidu des lettres grecques, a consacré à *André Chénier*, qui devait être à la place d'honneur en un pareil livre, deux chapitres de son *Hellénisme en France* (1869).

De nos jours M. Harazsti a publié d'abord en langue hongroise, ensuite en français à Paris (1892) un *André Chénier*, très soigné, très « documenté » où la place d'André Chénier est bien marquée parmi les poètes de la fin du xviiie siècle, que M. Harazsti connaît à merveille. M. Paul Glachant, il y a quelques mois, sous le titre de *André Chénier critique et critiqué*, a publié un volume où, dans une première partie, il relève les principales idées littéraires d'André Chénier et où, dans la seconde partie, il dresse un catalogue, avec analyses et citations de tout ce qui a été écrit (surtout en France) sur André Chénier.

Les hommages rendus à Chénier par les grands écrivains français ont été nombreux et éclatants. Il faut citer avant tout les admirables pages, pittoresques, dramatiques et éloquentes du *Stello* d'Alfred de Vigny où est racontée la dernière heure et la mort d'André Chénier. Je ferai remarquer, que, sans parler de la beauté incomparable du récit, tout y est exact, les circonstances, les entours, les costumes, le tableau de la rue, l'*heure*, tout, excepté le *lieu* : Vigny a cru qu'André Chénier avait été éxécuté sur la Place de la Révolution.

Victor Hugo a intitulé *André Chénier* une des pièces qui composent, dans la *Légende des siècles, Nouvelle série, II*, le *Groupe des idylles*. C'est une des plus faibles du « groupe » et du reste de tout Victor

Hugo, et elle ne répond pas du tout à son titre, ne donnant nullement la sensation de la poésie de Chénier. J'eusse souhaité que Victor Hugo donnât plutôt le nom de Chénier à la pièce qui est intitulée *Segrais* et à laquelle le nom de Chénier s'accommoderait, ce me semble, beaucoup mieux ; et approprions donc cette pièce-ci à Chénier, par droit du plus grand. Je ne crois pas, du reste, que Victor Hugo tînt beaucoup à sa répartition :

. . . .

J'ai vu passer Aminte au fond du chemin creux.
Elle a seize ans et tant d'aurore sur sa tête
Qu'elle semble marcher au milieu d'une fête ;
Elle est dans la prairie, elle est dans la forêt
La plus belle et n'a pas l'air de le faire exprès ;
C'est plus qu'une déesse et c'est plus qu'une fée ;
C'est la bergère ; c'est une fille coiffée
D'iris et de glaïeuls avec de grands yeux bleus ;
Elle court dans les champs comme au temps fabuleux
Couraient Léontium, Phillodore et Glycère.
Elle a la majesté du sourire sincère ;
Quand elle parle, on croit entendre, ô bois profond,
Un rossignol chanter au-dessus de son front.

. . . .

Muses, je chante et j'ai près de moi Stésichore,
Plaute, Horace et Ronsard, d'autres bergers encore ;
J'aime et je suis Segrais, qu'on nomme aussi Tircis ;
Nous sommes sous un hêtre avec Virgile assis ;
Et cette chanson s'est de ma flûte envolée,
Pendant que mes troupeaux paissaient dans la vallée
Et que du haut des cieux l'astre éclaire et conduit
La descente sacrée et sombre de la nuit.

Alfred de Musset a associé d'une manière charmante le nom de Molière et celui de Chénier dans sa merveilleuse rêverie : *Une soirée perdue*. On connaît la libre et très savante composition de cette pièce exquise. Musset au Théâtre Français écoute le *Misanthrope*. Il fait ses réflexions sur cette grande œuvre. En même temps il contemple une jeune fille assise devant lui...

> Et voyant cet ébène enchâssé dans l'ivoire
> Un vers d'André Chénier chanta dans ma mémoire,
> Un vers presque inconnu, refrain inachevé,
> Frais comme le hasard, moins écrit que rêvé.
> J'osai m'en souvenir, même devant Molière ;
> Sa grande ombre, à coup sûr, ne s'en offensa pas ;
> Et tout en écoutant, je murmurai tout bas,
> Regardant cet enfant, qui ne s'en doutait guère :
> « Sous votre aimable tête un cou blanc, délicat,
> Se plie, et de la neige effacerait l'éclat. »

Puis il revient à la pièce et aux réflexions, méditations, projets, même, qu'elle lui inspire. Cependant le spectacle finit

> .... La charmante inconnue
> Se leva. Le beau cou, l'épaule demi-nue
> Se voilèrent, la main glissa dans le manchon ;
> Et lorsque je la vis, au seuil de sa maison,
> S'enfuir, je m'aperçus que je l'avais suivie.
> Hélas ! mon cher ami ; c'est là toute ma vie.
> Pendant que mon esprit cherchait sa volonté,
> Mon cœur savait la sienne et suivait la beauté,

Et quand je m'éveillai de cette rêverie
Il ne m'en restait rien que l'image chérie :
« Sous votre aimable tête, un cou blanc délicat
Se plie et de la neige effacerait l'éclat ».

Louis Veuillot, qu'on peut encore citer après ces grands noms, et leurs grandes ombres, à coup sûr, ne s'en offenseront pas, a enchâssé, lui aussi, un vers d'André Chénier dans un poème, comme il aimait à faire, comme il a fait du vers d'Hugo : « *C'était une humble église au cintre surbaissé,* » comme il a fait du vers de Musset : « *Il me reste d'avoir pleuré.* »

« Souffre, ô cœur gros de haine, affamé de justice »
En nos jours infestés de triomphes pervers,
Plein d'horreur et d'ennui je me redis ce vers,
Comme André dut le dire au chemin du supplice.

Il faut se taire ; il faut que le juste pâtisse,
Que sa lèvre et son bras portent les mêmes fers,
Que l'insulte s'ajoute à tant de maux soufferts,
Et qu'à masque levé la fraude s'applaudisse.

Nul refuge ! Partout on les verra vainqueurs.
Ceux dont ils n'ont pas fait des sbires sont claqueurs :
Le monde est leur conquête et veut qu'on le salisse.

Point de lutte ! Écrasé du flot des apostats,
Raillé, muet, il faut mourir sous les pieds plats...
« Souffre, ô cœur gros de haine, affamé de justice. »

L'influence proprement dite d'André Chénier sur la littérature française du XIXᵉ siècle a été tardive. Elle ne s'est nullement exercée, en vérité, sur les romantiques, et ce n'est que l'école de 1860, « le Parnasse », comme on l'a appelé, qui par quelques-uns de ses représentants et non des moindres, procède de l'auteur de l'*Aveugle*. On a commencé par l'admirer et par se réclamer de lui sans suivre son exemple ; on a continué, mais quarante ans plus tard, par l'imiter, tout en l'admirant autant, sinon davantage. Les romantiques n'ont rien de lui. Tout au plus faut-il remarquer dans Victor Hugo, qui, comme on sait, a eu un style à lui, mais a écrit, à son gré, dans le style de tous les autres, certains vers, et même certaines pièces, qui sont peut-être de directe imitation antique ; mais dont on peut dire avec certitude que Chénier en a donné l'exemple à Hugo, et que Victor Hugo ne les aurait pas écrits si André Chénier n'eût pas existé. Par exemple :

Ni l'importunité des sinistres oiseaux.
. . . .
. . . .
Nous laisserons fumer, à côté d'un cytise
Quelque feu qui s'éteint, sans pâtre qui l'attise,
Et l'oreille tendue à leurs vagues chansons
Dans l'ombre au clair de lune, à travers les buissons
Avides, nous pourrons voir à la dérobée
Les satires dansants qu'imite Alphisibée.
. . . .
. . . .
Elle parlait, charmante et fière et tendre encor,
Laissant sur le dossier de velours à clous d'or
    Déborder sa manche traînante,

Et toi, tu croyais voir à ce beau front si doux
Sourire ton vieux livre ouvert sur tes genoux
        Ton Iliade rayonnante.

Beau livre que souvent vous lisez tous les deux !
Elle aime, comme toi, ces combats hasardeux
        Où la guerre agite ses ailes,
Femme, elle ne hait pas, en t'y voyant rêver
Le poète qui chante Hélène, et fait lever
        Les plus vieux devant les plus belles.

Elle vient là, du haut de ses jeunes amours,
Regarder quelquefois dans le flot des vieux jours
        Quelle ombre y fait cette chimère ;
Car, ainsi que d'un mont tombent de vives eaux,
Le passé murmurant sort et coule à ruisseaux
        De ton flanc, ô géant Homère.

. . . .
. . . .

La nature nous dit : « chante ! » et c'est pour cela
Qu'un statuaire ancien sculpta sur cette pierre
Un pâtre sur sa flûte abaissant sa paupière.

. . . .
. . . .

Une femme de Thèbe ou bien de Salamine,
Paysanne à l'œil fier qui va vendre ses blés
Et pique gravement deux grands bœufs accouplés,
Assise sur un char d'Homérique origine
Comme l'antique Isis des bas-reliefs d'Égine.

. . . .
. . . .

Un ouvrier d'Égine a sculpté sur la plinthe
Europe, dont un Dieu n'écoute pas la plainte,
Le taureau blanc l'emporte. Europe sans espoir
Crie, et, baissant les yeux, s'épouvante de voir
L'Océan monstrueux qui baise ses pieds roses.

Mais dans l'océan, aussi, de l'œuvre de Victor Hugo, ces morceaux ne sont que quelques perles égarées. On sait assez que son genre est à l'ordinaire tout différent.

Il ne faut pas dire un mot de George Sand à propos d'André Chénier. Elle a renouvelé l'idylle, mais non point du tout ni par les procédés de Chénier, ni par son tour d'esprit, ni à son exemple, ni pour l'avoir lu, car je ne crois pas qu'elle l'ait ouvert, ni à l'imitation des anciens. Elle est éminemment personnelle, du moins dans le roman rustique et dans le roman bourgeois, et surtout dans le roman rustique. Elle a regardé les champs et les paysans et elle les a peints en les idéalisant, et il n'y a pas autre chose dans son affaire.

Tout compte fait, André Chénier a ravi les romantiques ; il ne les a pas inspirés.

Il a été au contraire le maître, le guide, l'ancêtre et le Dieu domestique, incontestable et du reste reconnu, des « Parnassiens ». Leconte de l'Isle, Anatole France, Léon Dierx, José-Maria de Heredia procèdent de lui et de Théophile Gautier, les uns plus de celui-ci que de celui-là, les autres (et presque tous) plus de celui-là que de celui-ci, tous de tous les deux. Avec eux c'est l'humanisme qui revient et c'est le néo-antique qui se constitue en système. Avec eux c'est le dédain, plus net que dans Chénier, comme il arrive toujours chez les disciples, de tout ce qui a

paru depuis Théocrite, qui se déclare, soit dans une
préface célèbre de Leconte de l'Isle, soit dans sa
pratique, soit dans les démarches ordinaires de tous
les autres. Avec eux c'est l'antiquité, soit qu'on
remonte à travers elle jusqu'aux époques barbares,
soit qu'on ait commerce avec elle à son moment de
perfection et de pureté olympienne, soit qu'on la
regarde aux moments tragiques où l'orient, moitié
hellénique, moitié barbare, se heurte au monde
romain, soit qu'on descende jusqu'aux époques confuses où le christianisme naissant rencontre le paga-
nisme affaibli; qui attire les regards, qui sollicite les
curiosités, qui inspire le talent, qui s'impose à l'esprit et même au cœur. Et même dans les pièces
modernes comme matière que se permettent quelquefois ces néo-hellènes, le souci antique reparaît
dans l'inquiétude de la forme nette, précise, sévère,
pure et harmonieuse, sans vague, sans indéfini et
sans mystérieux. Rien n'est plus éloigné qu'eux de
la pesante ivresse

> De ce faux et bruyant Permesse
> Que du Nord nébuleux boivent les durs chanteurs.

Et en cela encore ils sont les disciples très exacts
et très fidèles d'André Chénier.

Une seule chose les en sépare. C'est que presque
toujours, plus ou moins, mais tous assez fermement,
malgré quelques infidélités à leur doctrine, ils ont

pensé que le poète ne devait pas s'épancher en confidences dans ses œuvres, et ils ont réagi avec une certaine raideur, où entrait quelque peu de dédain, contre la « littérature personnelle » de leurs devanciers immédiats. Or, en ce faisant, ils réagissaient contre André Chénier lui-même, qui n'a nullement craint de dire « Je », de prendre le lecteur pour confident, de se montrer lui-même dans ses vers et de faire intervenir l'homme dans le poète. C'est ici qu'est la dissidence. Par son goût, qui n'a pas été jusqu'à l'indiscrétion, mais enfin par son goût pour la littérature personnelle, Chénier est avec le romantisme; par son néo-hellénisme et la pureté brillante de sa forme il est avec les Parnassiens. S'il était plus grand, on serait tenté de dire qu'il contenait ainsi en lui tout le Romantisme et tout le Parnasse. On ne songe pas à le dire en effet. Mais je ne suis pas si éloigné de penser que, s'il eût vécu, il y avait quelque chance pour que ce fût précisément là sa définition.

Il n'a pas vécu. Tel qu'il est, après être mort à trente-deux ans, il reste notre plus grand poète idyllique, un de nos plus grands élégiaques, et l'inventeur chez nous de la satire lyrique. Il est, ce qui est une marque de l'étendue de son esprit et de la souplesse de son talent, un homme qui appartient à plusieurs siècles et même au sien, et qui n'est nulle part plus isolé que dans le sien. Il appartient au

XVIe siècle comme humaniste, au XVIIe par la pureté et par la vigueur sobre de sa forme, au XIXe par la sincérité et la profondeur de sa « littérature personnelle » et par quelques judicieuses et discrètes témérités rythmiques ; et il appartient aussi au temps dont il était par ses idées philosophiques, mais avec une indépendance, une originalité et une autonomie qui nous le montrent non comme un disciple ou un homme à la mode, mais comme un penseur. Il est très beau « d'avoir de l'avenir dans l'esprit ». Il est plus beau encore sans doute d'avoir dans l'esprit du passé, de l'avenir et du présent bien compris et mieux compris qu'il ne l'est par les contemporains ; et c'est précisément le cas d'André Chénier.

Double épreuve redoutable à tous et qui n'est favorable qu'à très peu : à mesure qu'il vieillit il est plus goûté et entre plus profondément, comme un hôte permanent, dans notre esprit et dans notre cœur ; et à mesure qu'on découvre de lui des œuvres inédites, il grandit et multiplie à nos yeux ses aspects, tant, au lieu de paraître se répéter, il nous découvre des parties inconnues, nouvelles et imposantes, ou au moins considérables de lui-même.

Il est un de nos grands hommes pour avoir vécu pour le beau et être mort pour le juste. Vénérable et charmant, un peu comme le *venerandus puer* de Virgile, il a pour nous la beauté pure de l'antique, la majesté du citoyen mourant pour sa cause, la grâce aussi de l'inachevé, de ce qui aurait pu être, des choses qui s'en vont ayant à peine été et qui semblent montrer, dans le même triste sourire, la douceur de la bienvenue et la tendresse des adieux.

Juin 1902.

FIN

TABLE DES MATIÈRES

Coulommiers. — Imp. Paul BRODARD. — 591-1902